Heinz G. Schmidt, geboren 1945. Studium der Pädagogik, Sprach- und Kommunikationswissenschaften. Autor, Übersetzer und Herausgeber. Arbeitet seit 1970 als Journalist für deutsche Rundfunkanstalten, hauptsächlich in Afrika und Lateinamerika.

Heinz G. Schmidt

Der neue Sklavenmarkt
Geschäfte mit Frauen aus Übersee

Mit einem Vorwort von Günter Wallraff

Lenos Verlag

Dieses Buch entstand in Zusammenarbeit
mit der „Erklärung von Bern", Zürich
und dem „Zentrum für Entwicklungsbezogene Bildung", Stuttgart.

Copyright 1985 by Lenos Verlag, Basel
Alle Rechte vorbehalten
Abschluss der Recherchen: Sommer 1984
Satz und Gestaltung: Lenos Verlag, Basel
Umschlag: Hans Siegwart, Zürich
Umschlagfoto: Michael Friedel, München
Printed in Germany
ISBN 3 85787 137 7

Inhalt

Vorwort
von Günter Wallraff

Das Foto einer lächelnden schwarzen Frau. Daneben folgender Text:

„Jetzt noch mehr Arbeitskraft für Ihre DM. Für nur 1.– US-Dollar arbeitet sie gerne für Sie 8 Stunden, und viele, viele hundert ihrer geschickten Freundinnen warten auf Sie.

Sie haben ausserdem: Steuer- und Zollfreiheit – freien Transfer – gute Luftfrachtverbindungen – ruhiges Arbeitsklima – naher US-Markt."

Mit diesem Inserat warb ein „Haiti- and Third World Investment-Bureau" in einer angesehenen westdeutschen Wirtschaftszeitung für Investitionen auf Haiti.

Die Ausplünderung der sogenannten Dritten Welt, der Länder Afrikas, Asiens und Lateinamerikas, hat sich nie auf die dort vorgefundenen Rohstoffe beschränkt. Schon während der „Kolonialzeit" haben Engländer und Franzosen, Holländer, Spanier und Portugiesen die einheimische Bevölkerung auf ihren riesigen Plantagen als Billigstarbeitskräfte ausgebeutet. Sie haben die Menschen dort mehr und mehr ihrer Kultur, ihrer Sprache und ihrer Tradition beraubt, indem sie ihnen die „Werte" des angeblich überlegenen „christlichen Abendlandes" aufzwangen.

Dieselben Nationen, die damals für sich bürgerliche Freiheiten zu reklamieren begannen, deportierten Millionen von Schwarzafrikanern in die Karibik und in die USA. Als Sklaven waren diese Menschen rechtlich dem Vieh gleichgestellt. Wie Vieh wurden sie gekauft und verkauft. Die schwarzen

US-Amerikaner selber sind es, die heute den Weissen vor-
rechnen, wie diese ihnen ihre kulturelle und soziale Identität
zerstört haben.

Das Ende der Sklaverei in den USA ist weniger der politischen und militärischen Intervention der „Nordstaaten" zu-
zuschreiben, sondern mehr der simplen Tatsache, dass die
neu erfundenen Baumwollpflückmaschinen preisgünstiger
waren als Sklaven. Aber da waren noch die Menschenrechte,
die in der amerikanischen Unabhängigkeitserklärung und in
der Verfassung niedergeschrieben worden waren. Dass die
in die Südstaaten verschleppten Schwarzafrikaner von den
Menschenrechten ausgenommen wurden, war den zuneh-
mend mächtigeren Industriebossen des Nordens ein will-
kommener Anlass, im Süden die eigenen ökonomischen Interessen durchzusetzen. Die Ächtung der Sklaverei war somit in vielem ideologische Fassade; und wie sehr ihre Befrei-
ung nur nominell war, haben die Schwarzen in den folgenden Jahrzehnten in den Grossstädten des Nordens bitter erfahren müssen, wo sie nach wie vor als drittklassige Menschen galten.

Wenn es heute noch immer Sklaverei gibt − oder, wie manche glauben, wieder gibt −, dann liegt das sicher auch daran,
dass ihre Ächtung nur vordergründig war: Die damalige
Form der Sklaverei wurde von der wirtschaftlichen Entwicklung überflüssig gemacht. „Moderne" Formen sind an
ihre Stelle getreten. Wie sich ja auch der Imperialismus der
traditionellen Industriestaaten von den offen raubwirt-
schaftlichen Methoden abgewandt hat. Die ehemaligen „Kolonien" wurden in die politische Unabhängigkeit geschickt,
ohne es auf wirtschaftlicher Ebene werden zu können. Dass
die Verarmung des Südens voranschreitet, ist schon allein an
der Verschuldung der Länder Lateinamerikas, Afrikas und

Asiens ablesbar. Aber die alte weltwirtschaftliche Arbeitsteilung − im Süden Rohstoffgewinnung, im Norden industrielle Produktion − wird durch ein anderes System abgelöst: Multinationale Konzerne lagern arbeitsintensive Fabrikationsstätten aus den Industrieländern aus und wählen als Standorte gerade solche Regionen, in denen zum materiellen Elend der „arbeitsfähigen" Bevölkerung politische Verhältnisse kommen, die maximale Gewinne garantieren: keine Gewerkschaften, keine Streiks, keine Streitigkeiten wegen skandalöser Arbeitsbedingungen usw. In der hiesigen Berichterstattung über derartige „entwicklungspolitische" Projekte wird immer wieder herausgestellt, wie gut es doch die Menschen hätten, die dort einen Arbeitsplatz fänden und denen es weitaus besser gehe als ihren Landsleuten, die in den Slums bleiben müssten.

Dass nicht nur Billigarbeitskräfte die Konzerne motivieren, in „Dritt-Welt-Ländern" zu investieren, sondern auch die Tatsache, dass ihnen dort keine kostensteigernden Auflagen zur Betriebssicherheit und zur Verringerung von Emmissionen gemacht werden, hat in jüngster Zeit die Umweltkatastrophe im indischen Bhopal demonstriert. Und es ist davon auszugehen, dass mit zunehmenden Restriktionen in den traditionellen Industrieländern lebensgefährliche Produktionseinheiten mehr und mehr „ausgelagert" werden, ob es sich um Pestizide, um Dioxin oder ähnlich tödliche Zwischen- und Endprodukte handelt. Jede ökologische Argumentation, die nur nationalstaatlich denkt, arbeitet dieser Entwicklung letztlich zu.

Die Menschenverachtung, die sich in solchen imperialistischen Ausplünderungsstrategien ausdrückt, hat ihre Wurzeln im ökonomischen System des Kapitalismus, mithin in den traditionellen Industriegesellschaften des Nordens. Deren Durchrationalisierung nach den Verwertungsinteressen des Kapitals hat die Disziplinierung der Menschen nach den nachgefragten Leistungsnormen und anderen Produktionstugenden gefördert und einen Menschentypus hervorgebracht, der sich seiner eigenen Selbstentfremdung nicht bewusst ist. Ein Ergebnis dieser Entwicklung ist die weitverbreitete Isolation und Beziehungsunfähigkeit.

Der Rassismus, wie er in den Fallbeispielen dieses Buches zum Ausdruck kommt, gedeiht unter diesen Voraussetzungen besonders gut. Ursprünglich hatte er − neben nationalistischen Ideologien − die Funktion, die Klassengegensätze innerhalb der bürgerlichen Gesellschaft zu verschleiern. Die Nazis hatten den Rassismus des 19. Jahrhunderts nur übernommen und ihn auf die Spitze getrieben; auch die dazugehörige „Herrenmenschen"-Ideologie war nicht ihre Erfindung. Schon in dieser Zeit wuchs er über seine Aufgabe hinaus, den Klassenhass der durch die Weltwirtschaftskrise verelendeten Proletarier umzulenken auf die Juden. Gerade das Kleinbürgertum fand in der „Herrenmenschen"-Ideologie eine Kompensation für den rapiden wirtschaftlichen Abstieg, der in der Inflation nach dem Ersten Weltkrieg begonnen hatte.

Die Doppelfunktion des Rassismus − Verschleierung der Klassengegensätze, Kompensation der eigenen sozialen Misere − wirkt auch heute noch. Gerade in der gegenwärtigen wirtschaftlichen Lage verstehen es die Herrschenden wieder einmal, die eigentlichen Ursachen von Arbeitslosigkeit und Abbau der staatlichen Sozialleistungen zu vernebeln, indem sie auf die türkischen Arbeiter verweisen lassen und darauf, dass diese für ihre zahlreichen Kinder das ihnen angeblich nicht zustehende Kindergeld abkassieren.

Mancherlei Tourismus ist eine moderne Spielart des Rassismus. Denn nunmehr können sich devisenstarke Urlauber in Afrika, Südostasien, in der Karibik und andernorts als „Herrenmenschen" aufspielen. Wie Heinz G. Schmidt in seinem Bericht aufzeigt, hat der Ferntourismus eine weitere Variante der Ausplünderung der „Dritt-Welt-Länder" eröffnet. Es geht nicht mehr um die Ausbeutung der Arbeitskraft von Menschen, die aufgrund ihrer sozialen Not keine andere Möglichkeit haben, als in den Billigfabriken der Multis zu arbeiten. Jetzt werden die Menschen selbst zu Waren, genauer: die Körper afrikanischer, asiatischer und lateinamerikanischer Frauen.

Dass schwarze Frauen von ihren weissen Besitzern auf den US-Plantagen sexuell missbraucht wurden, war damals eher eine Randerscheinung. Diese Art „Gebrauch" steht heute im Mittelpunkt. Und die Verhältnisse arbeiten jetzt den Touristikmanagern zu, die „Bumsbomber" für Bordellbesuche in Thailand chartern, den internationalen mafiosen Zuhälterorganisationen, die farbige Frauen und Kinder in die Massagesalons und Bordelle von Frankfurt und Berlin „importieren", den „Heiratsvermittlern", die philippinische Frauen an beziehungs- und eheunfähige deutsche Männer verhökern. Denn den betroffenen Frauen erscheint die Aussicht, aus ihrem Elend herauszukommen und in Deutschland ein besseres Leben zu führen, zunächst als Verlockung. Begünstigt wird dies auch durch die sozialen Strukturen, denen sie entstammen: Um ihre Grossfamilie finanziell unterstützen zu können, folgen sie selbst abstrusen Versprechungen und gelangen so in die Sexindustrie oder auf den hiesigen „Heiratsmarkt". In Wirklichkeit sind denn auch diese Frauen „Wirtschaftsflüchtlinge", genauso wie die Asylbewerber, die der zunehmenden materiellen Verelendung und Hungersnot zu Hause durch die Flucht in ein Industrieland zu entkommen trachten.

Dass in diesem Zusammenhang von einem Sklavenmarkt gesprochen werden kann, hat verschiedene Gründe. Ein Grossteil der als Prostituierte arbeitenden Frauen lebt hier illegal; damit sind sie der Willkür ihrer Zuhälter völlig ausgeliefert. Aufgrund der sprachlichen Barrieren und sehr restriktiver ausländerrechtlicher Bestimmungen haben sie keine Möglichkeit auszubrechen; meist verlieren sie auch die Kraft dazu. Da sie — im wörtlichen Sinne — hinter verschlossenen Türen und Fenstern leben müssen, bleibt das, was mit ihnen getrieben wird, der Öffentlichkeit verborgen.

Als Sklavenhalter sind auch jene Männer zu bezeichnen, die sich eine Ausländerin „kaufen", sie heiraten und sie dann aber wie ein Haustier halten, an dem sie ihre viehischen Bedürfnisse nach Lust und Laune austoben. Die betreffenden Fallbeispiele in diesem Buch machen allzu deutlich, dass hier der „normale" Rassismus und Sexismus überschritten wird und dass die Verhaltensweisen, die manche Männer offenbaren, nur noch mit den Begriffen der Psychopathologie beschrieben werden können. Mich erinnerten einige Stellen an Berichte aus den Konzentrationslagern des NS-Regimes, wo ebenfalls lammfromme Kleinbürger zu sadistischen Bestien wurden.

Um wenigstens die schlimmsten Missstände zu beseitigen, muss die Männerkumpanei zwischen den legalen und illegalen Frauenhändlern einerseits und den Ausländer- und anderen Behörden andererseits beendet werden. Es geht nicht an, dass der gerichtliche Nachweis von Menschenhandel unterlaufen wird, indem die einzigen Tatzeugen, nämlich die betroffenen Frauen, „abgeschoben" werden.

Allerdings reicht es nicht, den in- und ausländischen Sklavenhändlern das Handwerk zu legen. Der Kampf gegen die

„moderne" Form des Menschenhandels bleibt ohne Erfolg, wenn er nicht zugleich gegen die ökonomischen und ideologischen Wurzeln geführt wird: gegen eine Weltwirtschaftsordnung, die den Süden immer mehr der materiellen Verelendung überlässt; gegen einen Rassismus, der Menschen aus anderen Kulturen benutzt, um soziale und psychische Deformationen zu Karikaturen des Grössenwahnsinns umzumünzen.

Zu diesem Buch

Ein neuer Sklavenmarkt? Undenkbar – dafür sind doch alle Beteiligten viel zu aufgeklärt: sowohl die handelbaren „Sklaven" wie ihre Händler. Und schliesslich gibt es ja auch Gesetze und internationale Abkommen, die das, was mit dem Begriff „Sklavenmarkt" umschrieben werden könnte, generell und individuell unmöglich machen.

Andererseits ist Gesellschaft auf Veränderung angelegt: Werte ändern sich, Moral unterliegt dem Zeitgeist, Begriffe wie Politik, Geschäft, Gewalt und Macht gehen neue Verbindungen ein. Sichtbar werden solche Veränderungen möglicherweise erst, wenn es längst etablierte neue Netzwerke gibt: Die Ablösung des nationalstaatlichen Imperialismus durch multinationale Konzerne war längst vollzogen, als die Öffentlichkeit erkennen musste, dass die Länder der sogenannten Dritten Welt ebenso in das Netzwerk internationaler Unternehmungen eingespannt waren wie die sogenannten Industrienationen.

Die Geschäfte mit Frauen aus Übersee gelten, wenn man den journalistischen Berichterstattern und den politischen Beobachtern glaubt, als exotische Randerscheinungen einer bemerkenswert verklemmten Gesellschaft – der unsrigen – vor dem Hintergrund einer abhängigen Welt – der in Übersee. Insoweit ist das Phänomen durchaus sichtbar. Und es ist einsichtig, warum Stichworte wie „Menschenhandel" und „Sklavenmarkt" zwar fallen, Zusammenhänge aber meist nicht deutlich werden: Das Geschäft mit Frauen aus Übersee beruht ja durchaus auf dem Prinzip von Angebot und Nachfrage, angewandt auf ein Angebot an Menschen aus den Ländern der sogenannten Dritten Welt und eine Nachfrage von Menschen in den sogenannten Industrieländern. Was wäre diesem neuen Markt also vorzuwerfen? Dass mit Menschen gehandelt wird?

Der vorliegende Tatsachenbericht enthält eine Anzahl von Fallstudien, bei denen es um Menschenhandel geht. Er denunziert einzelne Beteiligte und er beschreibt Hintergründe, wobei die Darstellung der Situation in der Bundesrepublik Deutschland und in der Schweiz im Vordergrund steht. Wenn es denn tatsächlich einen neuen Sklavenmarkt gibt, müssen wir empfindsam werden für den Teil des Geschäfts, den wir selber ermöglichen und zulassen. Dass auch wir verantwortlich sind für eine Anzahl von Zuständen in den Ländern der sogenannten Dritten Welt, soll dabei nicht unterschlagen werden.

Bei der Beschreibung der Eigenarten dieses neuen Marktes lässt es sich wohl kaum vermeiden, dass auch Voyeure auf ihre Kosten kommen. Wenn also manche Details den Eindruck erwecken sollten, hier werde mit den altbekannten Methoden der Sensationspresse gearbeitet, ist zu berücksichtigen, dass wohl nur durch solche Einzelheiten das ganze Ausmass dieses ansonsten „heruntergespielten" Geschäfts deutlich wird. Es geht eben nicht um die sensationellen Details und die miesen Geschäftemacher allein, sondern um den Skandal, dass Menschen (männlichen Geschlechts in reichen Ländern) mit Menschen (weiblichen Geschlechts in armen Ländern) Geschäfte machen. Und dass dies augenzwinkernd von den übrigen geduldet wird.

Alle Einzelheiten der in diesem Buch dargestellten Fälle sind überprüft und beweisbar: Die radikale Absage an den Handel mit Menschen soll nicht an Beweisnot scheitern. Dennoch stellen die beschriebenen Fälle nur einen Ausschnitt dessen dar, was darstellbar wäre. Der Bericht entstand, nachdem die Dokumentation „Tourismus, Prostitution, Entwicklung" (Stuttgart 1983) erschienen war. Beim Herausgeber, dem „Zentrum für Entwicklungsbezogene Bildung" (ZEB) in Stuttgart, und bei der „Erklärung von Bern" (EvB) in Zürich, die sich schon früher des Problems angenommen hatte, trafen zahlreiche Hinweise auf Geschäfte mit Frauen aus der Karibik, aus Afrika, aus Südostasien ein, denen nachgegangen wurde. Nur ein Teil der Hinweise konnte berücksichtigt werden, dafür taten sich während der Recherchen neue Abgründe auf.

Wo Betroffene geschützt werden mussten, und wo Unschuldige und Informanten nicht unnötig der Öffentlichkeit preisgegeben werden sollten, wurden die Namen geändert. Alle übrigen Angaben sind korrekt, einschliesslich der Namen von Händlern und ihren Mittelsmännern.

Der Autor dieses Buches bedankt sich vor allem bei Regula Renschler (EvB) und Georg Friedrich Pfäfflin (ZEB) für die grosszügige Hilfe und die vielen unschätzbaren Hinweise und Gespräche. Achtung und Dank gebührt den zahlreichen Informanten, vor allem den betroffenen Frauen, die das Risiko einer Aussage auf sich genommen haben, aber auch jenen staatlichen Stellen in der Bundesrepublik Deutschland und in der Schweiz, deren Vertreter über ihre eigentliche Pflicht hinaus hilfreich waren. Schliesslich Dank den Freunden und Kollegen, ohne die das Buch nicht hätte geschrieben werden können: Esky Bail-Reck, Andreas Bockler, Esther Cartalla, Dietmar Emuns, Erika Hauff, Uwe Herzog, Moritz Leuenberger, Barbara Munsch, Lydia Obrens, Yvonne Obrist, Ingold Reinhardt, Günter Roller, Harald Schüren, Martin Sievers, Walter Veith und einem guten Dutzend anderer, die nicht genannt sein wollen.

Einleitung:
Vom „weissen Sklavenhandel" zum Handel mit „Orientalinnen"

Der Skandal, dass Menschen mit Menschen handeln, ist mit der Abschaffung der Sklaverei in den Vereinigten Staaten von Amerika vor mehr als 150 Jahren nicht aus der Welt geräumt worden. Der Handel mit Menschen hat nie aufgehört. Es ist, beispielsweise, erst gerade 36 Jahre her, dass die Deutschen von dieser Art Geschäft besonders betroffen waren: „Mit raffinierten Versprechungen treten die Agenten an ihre Opfer heran", so heisst es in einem Bericht der „Westdeutschen Allgemeinen Zeitung". „Ein besonders verlockendes Angebot ist etwa das Engagement als Tänzerin. Ein Vertrag wird geschlossen, gute Honorare und freie Rückreise zugesichert. Im Ausland werden die Mädchen dann gezwungen, in verrufenen Lokalen aufzutreten. Das vereinbarte Honorar wird nicht gezahlt. Die Mädchen müssen zu Lebensbedingungen arbeiten, die nicht das Existenzminimum bieten. Sie werden so auf die Strasse getrieben."
Der Bericht ist nur einer von vielen aus jener Zeit, Ende 1949. „Auch Heiratsangebote spielen eine Rolle", heisst es weiter in der „Westdeutschen Allgemeinen Zeitung". „Oft findet die Heirat gleich im Heimatlande statt, vielfach mit Zustimmung der unerfahrenen Eltern. Hat der Ehemann seine 'Frau' ins Ausland gebracht, erklärt er die Heirat für nichtig und bringt sie in ein öffentliches Haus oder zwingt sie zu ähnlichem." Man meint, dasselbe erst gestern oder heute − mit veränderten Vorzeichen − gelesen zu haben.

Mädchenhändler werden se

Meist finden sie eine Lücke im Gesetz – Die Opfer

Hä STUTTGART, im Oktober

„500 Dollar in der Woche verdiene ich an einem Mädchen", erklärte einer von den wenigen Mädchenhändlern, deren man in Deutschland bisher habhaft wurde. Nur drei Vertreter dieses „Gewerbes" konnten in den letzten Jahren in Deutschland überführt werden. In den vielen anderen Fällen mußte man sich aus Mangel an Beweisen mit einer Verurteilung wegen Kuppelei oder Zuhälterei begnügen. Da der Mädchenhandel über internationale Beziehungen verfügt, und die Gesetze zur strafrechtlichen Verfolgung in den Ländern verschieden sind, gelingt es den Verbrechern meistens, irgendeine Lücke im Gesetz zu finden, um der Strafe zu entgehen.

Um den Mädchenhandel erfolgreich bekämpfen zu können, haben sich vor 50 Jahren in beinahe allen europäischen Ländern „Nationalkomitees" zur Bekämpfung des Mädchenhandels" gebildet. In diese Komitees entsandten die Regierungen ihre offiziellen Vertreter. 1921 gründete der Völkerbund ein Komitee zum Studium der mit dem Mädchenhandel zusammenhängenden Probleme und das amerikanische Institut für Sozialhygiene stellte zu diesem Zweck 75 000 Dollar zur Verfügung.

Auch in Deutschland gab es früher ein solches Komitee. Es hatte seinen Sitz in Berlin. Nunmehr hat die Londoner Zentrale angeregt, daß die Arbeit in Deutschland wieder aufgenommen wird. Legationsrat a. D. Dr. Ernst Kundt, der langjährige Vorsitzende des einstigen deutschen Komitees baut gegenwärtig diese Abwehrorganisation in Ravensburg wieder auf. Von ihm konnten wir Einzelheiten über die Praktiken dieses dunklen Gewerbes erfahren.

So fängt es meistens an

„Zehn Stunden am Tag", sagt der gutgekleidete Gast zu dem hübschen Bedienungsfräulein, „ist das nicht sehr anstrengend? Ich könnte Ihnen eine bessere Stelle bieten. Wollen Sie mir Ihre Privatadresse geben?" Dem Fräulein kommt vielleicht der Gast verdächtig vor. Sie benachrichtigt die Polizei. Der Gast riecht Lunte, zahlt und verschwindet. Nicht jede ist so vorsichtig.

Mit raffinierten Versprechungen treten die Agenten an ihre Opfer heran. Ein besonders verlockendes Angebot ist etwa das Engagement als Tänzerin oder Varietékünstlerin in eine ins Ausland reisende Künstlertruppe. Ein Vertrag wird geschlossen, gute Honorare und freie Rückreise zugesichert. Im Ausland werden sie dann gezwungen, in verrufenen Lokalen aufzutreten. Das vereinbarte Honorar wird nicht gezahlt. Die Mädchen müssen zu Lebensbedingungen arbeiten, die nicht das Existenzminimum bieten. Sie werden so auf die Straße getrieben.

Der Prinzipal

Die Hauptbeteiligten am Mädchenhandel sind überall der sogenannte Prinzipal, der Zuhälter und die Bordellwirtin. Der Prinzipal macht den Eindruck eines wohlhabenden Geschäftsmannes, gibt sich als Hotelbesitzer, Inhaber einer Familienpension oder Direktor eines Varietés aus. Er hat weitverzweigte Verbindungen in alle Länder, führt eine umfangreiche Korrespondenz — in einem vereinbarten Jargon, der den wahren Zweck verschleiert.

Die „Madame" ist entweder die Frau oder Geliebte des Prinzipals. Auch Heiratsangebote spielen eine Rolle. Oft findet die Heirat gleich im Heimatlande statt, vielfach mit Zustimmung der unerfahrenen Eltern. Hat der Ehemann seine „Frau" mit falschen Papieren — die Mädchenhändler haben viele auf verschiedene Namen lautende Pässe und Ausweise aller Art — ins Ausland gebracht, erklärt er ihr, daß die Heirat nichtig sei, bringt sie in ein öffentliches Haus oder zwingt sie zu ähnlichem.

„Westdeutsche Allgemeine Zeitung", 3.11.1949

Die veränderten Vorzeichen: Damals waren es deutsche Mädchen, die auf die Tricks von Mädchenhändlern hereinfielen. Möglicherweise hatten sie dazumal, kurz nach dem Krieg und zur Zeit der Währungsreform, ähnliche Motive wie die Mädchen und jungen Frauen aus Thailand, den Philippinen, aus Sri Lanka und aus der Karibik heute.

„Tausende von Filipinas", so ein Bericht der Zeitung „Bulletin Today", die in Manila herausgegeben wird, „ziehen inzwischen nach Deutschland, alle auf der Suche nach einem Ehemann, nach Arbeit, nach einem besseren Leben. Aber in den meisten Fällen hat die Suche ein böses Ende." Und der Bericht, im Sommer 1983 veröffentlicht, zitiert eine Mitarbeiterin der örtlichen „Caritas": „Mindestens 4'000 der insgesamt 15'000 Filipinas in der Bundesrepublik Deutschland sind bei den Behörden nicht angemeldet, leben also illegal dort."

Natürlich ist das ungesetzlich und strafbar. Das war es auch im Jahr 1949. Damals klagte die „Westdeutsche Allgemeine Zeitung": „Da der Mädchenhandel über internationale Beziehungen verfügt, gelingt es den Verbrechern meistens, irgendeine Lücke im Gesetz zu finden, um der Strafe zu entgehen."

Auch im Jahr 1985 scheint sich daran wenig geändert zu haben. Die Bundestagsabgeordnete Herta Däubler-Gmelin, die sich als Vorsitzende des Rechtsausschusses des Deutschen Bundestages speziell dieses Problems angenommen hat, hält fest: „Vom Gesetzgeber ist keine Möglichkeit vorgesehen, gegen diese Form des modernen Mädchenhandels vorzugehen." Gemeint sind die immer häufiger bekannt werdenden Praktiken im Vermittlungsgewerbe mit jungen Frauen aus Asien, Afrika und der Karibik.

Allerdings fehlt in solchen Klagen mehr und mehr der Hinweis auf „internationale Verbrecher". Stattdessen geht es, wie es in einem Papier des Bundestagsabgeordneten Horst Peter heisst, vielmehr um Fragen „nach den Zusammenhängen der Sozial- und Wirtschaftsstruktur zwischen Ländern der Dritten Welt und den westlichen Industrieländern, der sozialen und wirtschaftlichen Stellung der Frauen bei uns und in der Dritten Welt und nach der Menschenwürde und der Respektierung der sozialen und kulturellen Normen und Gesetze eines fremden Landes".

In der Bundesrepublik Deutschland und in der Schweiz sind es dennoch vor allem Agenten und Zwischenhändler, Touristikunternehmen und Importgesellschaften, an denen sich der moderne Mädchenhandel festmachen lässt: Mehr als ein halbes Hundert Agenturen und noch mehr „private" Händler sind beteiligt, und ihre Geschäfte sind oft illegal.

1949, als der moderne Sklavenmarkt mit deutschen Mädchen im Gang war, wurde von den Vereinten Nationen festgehalten, dass sich strafbar macht, wer einen anderen veranlasst, sich der Prostitution hinzugeben, sich als Zuhälter zu betätigen oder öffentliche Häuser zu betreiben, sie wissentlich zu finanzieren oder sich finanziell daran zu beteiligen oder wissentlich Häuser zu diesem Zweck zu vermieten. (UNO-Konvention „zur Unterdrückung des Handels mit Personen und zur Verhinderung der Prostitution", 1949)

Genau dies aber geschieht, wie Hunderte von Zeitungsberichten belegen, seit Jahren in der Schweiz und in der Bundesrepublik Deutschland – und nicht nur dort. Keines der beiden Länder hat die Vereinbarung bisher unterzeichnet, obwohl das UNO-Papier nichts anderes enthält als jene Forderungen, die der Völkerbund bereits 1921 bei einer Konferenz von Teilnehmern aus immerhin 34 Staaten aufgestellt hatte. Und auch diese Konferenz hatte lediglich zusammengefasst, was in zwei internationalen Abkommen in den Jahren 1904 und 1910 bereits postuliert worden war: Der Handel mit Mädchen muss abgeschafft und die Prostitution verhindert werden.

Wenige Jahre nach diesen ersten Abkommen kommt es zu Aktionen, wie der „Vorwärts" 1913 berichtet:

„Ein monatelanger, erbitterter Kampf gegen die Freudenhäuser in Chicago, in dessen Verlauf zahlreiche grosse Unternehmer wegen ihrer jämmerlichen Bezahlung weiblicher Arbeitskräfte blossgestellt wurden und nachgewiesen wurde, dass dadurch der Erfolg der Mädchenhändler erst möglich werde, hat jetzt u.a. zur Errichtung eines 'Moralgerichts' geführt, das sich nur mit allen Fällen beschäftigen soll, die auf Mädchenhandel oder Prostitution bezug haben. Dieses Gericht soll den Angeklagten hauptsächlich die Möglichkeit schaffen, einen anderen Lebenswandel zu führen, also weniger strafend wie bessernd wirken. Nur gegen Mädchenhändler und dergleichen soll strenge vorgegangen werden. Zur Ausführung dieses Planes hat sich das Gericht mit allen sozialen und wohltätigen Vereinigungen in Verbindung gesetzt, die ihre Mithilfe bereitwilligst zusagten."

Auch in Deutschland werden zu jener Zeit Erfolge im Kampf gegen den Mädchenhandel gemeldet. Die Zeitschrift „Frauenbewegung" berichtet, ebenfalls im Jahr 1913, unter der Überschrift „Weisser Sklavenhandel in Deutschland":

„Durch schärfere Massnahmen ist es gelungen, in den letzten vier Monaten allein 23 Händler festzunehmen. 75 Prozent dieser Händler sind Russen. Die schlimmsten Stätten, wohin der weisse Sklavenhandel geleitet wird, sind Süd-Amerika, Spanien, Belgien und auch Frankreich; letzteres beansprucht eine kleinere Anzahl dieser traurigen Ware. Ungefähr 4'000 Mädchen sollen im vergangenen Jahr von deutschen Häfen

Mädchenhändlerkongreß. Durch die Tagespresse ging vor kurzem folgende, fast unglaublich klingende Nachricht:

Im russischen Westgebiet findet in der Nähe von Warschau bei den Bahnstationen Rokizina und Raby eine Art Kongreß amerikanischer Mädchenhändler statt, die sich diese kleinen Bahnstationen aus dem Grunde ausgesucht haben, weil sie sich dort den Augen der Polizei besser entziehen können. Es sind alles Engroshändler, die über Hamburg nach Rußland gekommen sind und auch wieder über Hamburg nach Brasilien zurückkehren. Bisher haben diese Händler 26 Mädchen im Alter von 14 bis 20 Jahren aufgekauft und nach Rokizina gebracht. Es werden nur hübsche, kräftige Mädchen gekauft, für die man je nach Haarfarbe und Wuchs 50 bis 1000 Rubel zahlt. Einer der Agenten der Mädchenhändler, der ständig in Lodz lebt, hat seine junge Schwägerin für 1250 Rubel verkauft. Die erste Partie dieser unglücklichen Geschöpfe hat Rußland bereits verlassen und ist nach Hamburg gebracht worden, wo sie das Eintreffen ihres Patrons erwarten, der noch weitere fünfzig Opfer aufkaufen will, die für Konstantinopel bestimmt sind.

Wenn diese Nachrichten auf Wahrheit beruhen, so ist es doch ganz unglaublich, daß die Polizei solche Zustände duldet, und daß sich keine Mittel und Wege finden, solche Schurken bei ihrem „Kongreß" dingfest zu machen.

Weißer Sklavenhandel in Deutschland. Durch schärfere Maßnahmen ist es gelungen, in den letzten vier Monaten allein 23 Händler festzunehmen. 75 Prozent dieser Händler sind Russen. Die schlimmsten Stätten, wohin der weiße Sklavenhandel geleitet wird, ist Süd-Amerika, Spanien, Belgien und auch Frankreich, letzteres beansprucht eine kleinere Anzahl dieser traurigen Ware. Ungefähr 4000 Mädchen sollen im vergangenen Jahr von deutschen Häfen in die genannten Länder transportiert worden sein.

Der internationale „weiße Sklavenhandel" beschäftigt jetzt immer mehr die Oeffentlichkeit, vor allem sind es die Frauen, die in der abolitionistischen Bewegung stehen (Verein gegen die Reglementierung), sowie in der Sittlichkeitsbewegung überhaupt (Männer und Frauen), die ihre Aufmerksamkeit besonders auf die Auswanderung lenken. Im Haag hat die Kommission für diese Angelegenheit mit der Auswanderungskommission folgende Beschlüsse gefaßt:

„Die internationale Kommission beschließt, daß eine internationale Gesetzgebung dafür Sorge trägt, daß zum Schutz der Minderjährigen die Nachweisarbeitsbüros in einer Weise gleichmäßig geordnet und auch verantwortlich gemacht werden."

in die genannten Länder transportiert worden sein."
Heute, 72 Jahre später, sind solche Erfolgsmeldungen selten geworden. Umso zahlreicher sind die Hinweise darauf, dass das Geschäft blüht: kaum eine Tageszeitung, kaum ein Magazin, kaum eine Wochenzeitschrift, die nicht immer wieder und in ausführlichen Berichten ihr Entsetzen und ihre Empörung in Worte kleiden. Es gibt aber einen bedeutsamen Unterschied zu damals: Heutzutage geben sich die „Täter" und ihre „Opfer" auch im Anzeigenteil der deutschen und schweizerischen Tagespresse ein Stelldichein:

An einem beliebigen Wochentag, Ende Juli 1984, annoncieren beispielsweise in der Hamburger „Morgenpost" fast 40 „Modelle", die Besonderes zu bieten haben: „Black and White and Yellow" beispielsweise, „Kaffee-braun" oder auch nur einfach „Farbig!". Sie geben als Heimatländer Mexico oder Costa Rica an, die Karibik oder genauer Jamaica, sind aus Thailand oder Brasilien, waren einst „Miss Lateinamerika" oder bezeichnen sich schlicht als „exotisch", „orientalisch" oder gar als „Schoko-Traum". Alle sind leicht erreichbar, das gehört zum Geschäft. Meist ist nur eine Telefonnummer angegeben, unter der sich Rendez-vous vereinbaren lassen. Nicht alle arbeiten auf eigene Faust und in die eigene Tasche.

Im gleichen Anzeigenteil, nur unter anderer Rubrik, findet sich eine ganz andere Art von Angeboten in einer Sprache, die blumiger und weniger kurzatmig, aber ebenso deutlich ist. Solche Angebote gibt es in konservativen wie fortschrittlichen Zeitungen. Da werden Frauen an den Mann gebracht, möglichst aus den „Philippinen": „Philippen", „Filippinen", „Philippininnen" oder auch „Filipinas". Sie sind „zwischen 18 und 58 Jahre alt", meistens „jung und sexy", „liebenswert und warmherzig", in jedem Fall aber „hübsch" und oft auch „anschmiegsam". Und wenn sie nicht direkt aus den Philippinen kommen, dann stammen sie aus Thailand, aus Sri Lanka, aus Jamaica oder der Karibik, sind „Orientalinnen" oder „Asiatinnen". Gemeinsam ist allen, dass sie auf der Suche sind nach dem „treuen deutschen Ehemann" oder dem „aufrechten Herrn aus der Schweiz".

Die hier angepriesenen Damen sind nicht mehr ganz so leicht erreichbar. Meistens inserieren sie nicht selbst, sind oft auch noch gar nicht in Europa. „Heiratsinstitute", „Partneragenturen" und „Partnerschaftsvermittlungen" haben sich dieses Geschäftes angenommen.

Ausser Ehefrauen und Brieffreundinnen bietet der Markt auch weiterhin Gogo-Girls und Prostituierte an. Die meisten haben Verträge mit einschlägigen Etablissements. Das „Testbuch mit Testberichten der Damen käuflicher Liebe in über 300 Orten" der Bundesrepublik Deutschland, sinnig „Der Strich" genannt, verzeichnet 66 Bars und Bordelle, in denen Mädchen aus Burma und Thailand, aus Ghana und Marokko, aus der Karibik oder einfach aus Übersee ihre speziellen Dienste anbieten. Die neueste Auflage 1984/85 notiert zum Beispiel zum „Kayser's Hof", einem Hotel am Flensburger Hafen, dass es sich dadurch auszeichne, „auffallend viele Negerinnen zu beherbergen, wie man sie sonst in keinem Bordell vorfindet".

Selbst in der Lokalberichterstattung häufen sich Meldungen, in denen Mädchen aus Übersee eine Rolle spielen. So berichtete der „Kölner Stadt-Anzeiger" im März 1984 von einer vermissten Frau namens Christina Santos aus den Philippinen, bezeichnenderweise erst vier Monate nach ihrem Verschwinden. Noch bezeichnender sind die Umstände:

„Vermisst wird seit dem 14. November die 25 Jahre alte Philippinin Christina Santos. Die Frau war von einem Frankfur-

„Morgenpost", 23.7.1984

ter Eheinstitut an einen 51 Jahre alten Kölner vermittelt worden. Sie fühlte sich bei dem Mann nicht wohl und rief die Inhaberin des Instituts an. Auch der 51Jährige schaltete sich in das Gespräch ein. Es wurde verabredet, dass die junge Frau wieder nach Frankfurt reisen sollte. Noch am Abend wollte der Mann die 1,56 Meter grosse Philippinin mit einem Taxi zum Hauptbahnhof bringen. Christina Santos kam jedoch in Frankfurt nicht an. Der Kölner hat inzwischen seine Wohnung aufgelöst und konnte nicht ermittelt werden ..."
Vierzehn Tage später konnte der „Kölner Stadt-Anzeiger" melden: „Vermisste Frau in Holland gefunden." Aufmerksame Nachbarn und Tips aus der Halbwelt Kölns hatten die Polizei auf die Spur der jungen Frau gebracht, die sich über das Eheinstitut nur hatte vermitteln lassen, um wieder nach Europa zurückkehren zu können – das Visum für ihren letzten Aufenthalt in der Bundesrepublik Deutschland war abgelaufen, und sie hatte deswegen wieder in ihre Heimat zurückkehren müssen.
Nicht nur die Zeitung, auch die Nachbarn und die Polizei scheinen von der Geschichte der philippinischen Frau so beeindruckt gewesen zu sein, dass sie nach der Rolle des Heiratsinstituts zu fragen vergassen. Und offenbar fiel niemandem auf, dass auch jener „Käufer" eine wichtige Rolle in der ungesetzlichen Posse spielte; er selbst scheint sich dessen wohl bewusst gewesen zu sein, denn er räumte Hals über Kopf seine Wohnung.
In anderen Berichten heisst es beispielsweise: „Kaufmann und Witwe wegen Menschenhandels vor Gericht" (Juni 1984). In solchen meist reisserisch aufgemachten Reportagen („Callgirl-Vertrag für die Braut aus Manila?") ist häufig zu lesen: „Das Gericht beschloss, den Prozess zu vertagen" – um die Zeugin zu vernehmen, die inzwischen wieder auf den Philippinen lebt.

Callgirl-Vertrag für die Braut aus Manila?

Kaufmann und Witwe wegen Menschenhandels vor Gericht

Von Hans R. Queiser

Der Vorwurf ist im Gerichtssaal selten zu hören: Menschenhandel. Als Anklage traf er — verbunden mit Freiheitsberaubung — vor dem Schöffengericht (Abt. 615) einen 52 Jahre alten Kaufmann. Neben ihm saß, der Beihilfe beschuldigt, eine 65jährige Witwe. Von vornherein waren Schwierigkeiten zu erwarten, denn die Hauptzeugin, die 18jährige Studentin Medina B., stand nicht zur Verfügung. Sie befindet sich wieder zu Hause — in Manila auf den Philippinen.

Das Mädchen aus dem fernen Osten war auf die nicht mehr ungewöhnliche Weise von dem Kaufmann nach Köln geholt worden: Mit einem Heiratsversprechen und der von einem Notar beglaubigten Zusage, für Flugkosten und Lebensunterhalt aufzukommen. Der Staatsanwalt warf nun den Heiratskandidaten vor, er habe mit Medina ziemlich das Gegenteil im Sinn gehabt, nämlich seinen Lebensunterhalt von ihr zu erlangen — kurz, sie hier als Callgirl anzubieten.

Auf der Urlaubsreise

Der Angeklagte stritt dies ab. Er beteuerte seine ernsthaften Heiratsabsichten, indem er darauf hinwies, er habe sich in Manila, wo er Medina auf einer Urlaubsreise kennenlernte, sogar ihren Eltern vorgestellt. Von Köln aus habe er ihr dann auf ihre Bitte hin monatlich zwei-, dreihundert Mark Unterstützung zukommen lassen, bis sie dann im Mai vorigen Jahres hier eintraf.

Bei den Akten befanden sich jedoch seltsame Briefe des Mädchens (in englisch), Antworten auf Briefe des Angeklagten. „Bitte benutze nicht das Wort Callgirl, sonst wird meine Mutter böse", hieß es da etwa. Der Angeklagte hatte eine ziemlich ausgefallene Erklärung dafür. Das Wort Callgirl habe er als Kosenamen benutzt. Alles sei ein Mißverständnis.

Der Staatsanwalt konnte jetzt seine Anklage nur mit einem indirekten Zeugnis untermauern: Medina hatte wenige Wochen nach ihrer Ankunft in Köln die indonesische Botschaft angerufen und um Hilfe gebeten. Sie werde mit Gewalt hier festgehalten, eingesperrt, zumindest aber bei jedem Schritt überwacht.

Eine Landsmännin von Medina, eine perfekt deutsch sprechende Mitarbeiterin der Caritas, hatte sie daraufhin in der Wohung aufgesucht, wo die Angeklagte mit der ebenfalls angeklagten Witwe zusammenlebte, der vorgeworfen wird, sie habe die Aufpasserin gespielt. Nun vor Gericht versicherte die Angeklagte, zwischen ihnen dreien habe das beste Einvernehmen geherrscht. Beim Ab-

schied habe ihr Medina sogar eine Tonbandkassette und ein Wörterbuch geschenkt.

Die Caritas-Mitarbeiterin aber berichtete, was Medina ihr erzählt hatte: Noch auf dem Düsseldorfer Flugplatz habe ihr der Angeklagte, als er sie abholte, im Auto einen „Vertrag" vorgelegt, wonach sie sich verpflichten sollte, nach der Heirat der Prostitution nachzugehen. Dabei habe er ihr einen gleichartigen, angeblich von einem anderen Mädchen unterschriebenen „Vertrag" gezeigt und ihr gedroht, sie auf der Stelle aus dem Wagen zu setzen, wenn sie nicht unterschreibe. Aus Angst habe sie das Schriftstück unterzeichnet.

Auf diplomatischem Weg

Dieser bemerkenswerte „Arbeitsvertrag" stand dem Gericht nicht zur Verfügung. Eine Zeugin vom Hörensagen konnte bei den schwerwiegenden Vorwürfen nicht ausreichen. Das Gericht beschloß, um den Prozeß zu vertagen und zunächst auf diplomatischem Wege Medinas Vernehmung in Manila in die Wege zu leiten.

Möglicherweise aber wird sie sogar noch einmal herfliegen müssen, diesmal auf Kosten der Staatskasse. Sie studiert, wie die Caritas-Zeugin sagte, an einem College Journalistik. Ihr Vater, ein früherer Polizist, sei als Wachmann tätig. An den Kosten ihrer Ausbildung beteiligen sich alle Verwandten. Die Zeugin: „Das ist bei uns so üblich. Die Familien halten zusammen."

„Kölner Stadt-Anzeiger", 5.6.1984

29

So auch im Fall des bereits 1979 angeklagten Karl-Heinz („Charly") Germersdorf und seiner thailändischen Ehefrau, die sich in dreizehn Fällen des Menschenhandels schuldig gemacht haben sollen. Aus Beweisnot beschloss das Gericht im Juni 1984, demnächst eine Reise nach Thailand zu unternehmen, um die jungen Frauen zu befragen, die angeblich in einem „Verein für deutsch-thailändische Heiratswillige" der Prostitution nachgehen mussten.

Die Öffentlichkeit reagiert auf solche Berichte wie nicht anders zu erwarten: Man stimmt ein in das entrüstete „Unglaublich!", das die Berichterstattungen kennzeichnet, geilt sich dann aber an den Details auf. Oder, wie es ein Reporter des Zürcher „Tages-Anzeigers", Bruno Glaus, in einem Interview mit der kritischen Schweizer „WochenZeitung" (WoZ) formuliert: „Mit dem Thema Sexgewerbe wirst du immer gut plaziert."

Als das „Zentrum für Entwicklungsbezogene Bildung" (ZEB) im März 1983 eine Dokumentation unter dem Titel „Tourismus, Prostitution, Entwicklung" vorlegt, wird schon im Mai desselben Jahres eine zweite Auflage nötig, weil die Nachfrage so gross ist. Einzelne Leser schreiben Selbsterlebtes in ihre Bestellbriefe:

„Ich habe in letzter Zeit in meiner Umgebung einen Fall erleben können, bei dem ein philippinisches Mädchen regelrecht 'verkauft' wurde ... Das Mädchen wurde wie eine Leibeigene behandelt." Obwohl der Briefschreiber alle Einzelheiten des Falles benennen konnte, war er auf Anfrage nicht bereit, den Fall an die Öffentlichkeit zu bringen. Die „verkaufte Braut", die „wie eine Leibeigene gehalten" wird, lebt auch weiterhin in seiner Nachbarschaft, ihr „Herr" bleibt unbehelligt.

Selbst wenn man ihn zur Rechenschaft ziehen würde – anzunehmen ist, dass ihm das Bewusstsein, etwas Unrechtes zu

Ja, gibt's denn das? — Das gibt's!

Auf den Salomon-Inseln jetzt Bräute „zum Sonderpreis"

Kein Wunder, daß die Brautpreise ins Uferlose zu wachsen drohten — bei diesen Aussichten

Freunde, solange ihr noch Junggesellen seid — ab in die Südsee!!! Dort gibt's Frauen jetzt im Sonderangebot. Höchstpreis: 1.600 Mark.

Ein Witz? Mitnichten. Auf den Salomon-Inseln in der märchenhaft schönen Südsee ist es heute noch gang und gäbe, daß heiratswillige Männer für ihre Auserwählten einen Brautpreis auf den Tisch des zukünftigen Schwiegervaters legen müssen. Eben dieser Brautpreis ist in den vergangenen Jahren immer höher geworden, für besonders schöne Mädchen wurden bis zu 48.000 Mark verlangt und bezahlt.

Dieser „Inflation", die weniger gut betuchte Männer von den Freuden (und natürlich auch Qualen) des Ehelebens weitgehend ausschloß, will die Regierung mit der „Einfrierung" des Brautpreises auf 1.600 Mark stoppen. Wer auf dem „Schwarzmarkt" mehr bezahlt und dabei erwischt wird, muß für mindestens drei Monate ins Gefängnis.

Noch ein Tip: Falls Sie mal bei den Salomon-Inseln vorbeischauen und eine Frau suchen: Auf dem Land sind die Bräute billiger als in den Städten. Und nicht weniger hübsch...

„St. Pauli Nachrichten", 19.1.1984

31

tun, fehlt. Die meisten deutsch-asiatischen Ehen – das zeigen die Berichte in „Stern" und „Quick", im „Zeit-Magazin" und in der „Bunten" – sind von wohlmeinenden, ehrenwerten Männern eingegangen worden. Von den Ehefrauen wird in den Berichten bestenfalls der einzige deutsche Ausdruck zitiert, den sie kennen: „Herzlich willkommen!"; zu mehr reicht es bei den beidseitigen Sprachkenntnissen nicht.

Dennoch: Zum Menschenhandel gehören zwei, derjenige, der einen Menschen anbietet, und der, der einen Menschen kauft. Matthias Löbl aus Bietigheim, der für eine Filipina bezahlte, mit der er dann die Ehe doch nicht eingehen konnte, klagte vom Vermittler sein Geld zurück. Dass der staatsanwaltliche Vorwurf des Menschenhandels gegen den Vermittler dann vom Gericht fallengelassen wurde, irritierte ihn nicht weiter. Weil es auch ihn verschonte? „Nein, wieso denn? *Ich* hab sie doch nicht verkauft!" weist er die Tatsache zurück, dass er schliesslich am Handel beteiligt gewesen sei. „Ich betrachte das nicht als Menschenhandel. Ich habe sie ja nicht gezwungen, sie konnte jederzeit wieder gehen."

Dass es gerade Frauen aus der Dritten Welt, vornehmlich aus Südostasien sind, die trotz wachsender Gleichberechtigung in Europa und Amerika zu Handelsobjekten werden, spricht nicht gerade für die westlichen Gesellschaften und das Selbstbewusstsein ihrer männlichen Mitglieder.

Aus dem Prospekt eines schweizerischen Heiratsvermittlungsinstituts: „Das Geheimnis des Erfolges liegt darin, dass man ihn (den Erfolg) dort sucht, wo er am leichtesten zu finden ist. Und wir haben festgestellt: Nirgends ist es so leicht, eine nette, liebenswerte und treue Partnerin fürs Leben zu finden wie auf den Philippinen. – Nicht wenige Reisende, die in der kalten Schweiz in vielen Jahren nicht fanden, was

Die anderen konnten sich ewig nicht entscheiden", erzählt Jürgen Meier*). "Manche haben ihre Frauen bis zu dreimal umgetauscht – aber bei mir war es Liebe auf den ersten Blick!"

Der 25 Jahre alte Erdbau-Unternehmer (mit zwei Baggern) aus Hamburg-Schenefeld berichtet von einer Frauenkauf-Reise nach Bangkok, die heute fast so üblich ist wie eine Butterreise nach Dänemark.

Von Thea Todd
Interview: Wolf Hasco

"5000 Mark hat das jeden gekostet, sieben Heiratswillige waren wir, dazu der Vermittler. Und bei mir hat's schon am ersten Abend im Hotel ‚Mandarin' geklappt."

Die 24jährige Kellnerin Ban-Chong ist eine gertenschlanke Schönheit, mit schwarzem Haar und dunklen Augen.

Der damals 19jährige Jürgen Meier stellte fest: "Alle, die uns an diesem ersten Abend im Hotel als heiratswillig vorgeführt wurden, waren sofort recht zutraulich – außer Ban-Chong! ... Die mußte ich mir richtig erobern..."

Und dabei vergißt Jürgen Meier nie hinzuzufügen: "Schließlich war sie ja keine vom Strich! Sie war Kellnerin – ich betone: Kellnerin!" Aber ein Kind hatte sie bereits.

Flitterwochen am Liebesstrand

Am nächsten Tag sind alle Ehe-Aspiranten mit ihren heiratswilligen Thailänderinnen nach Pattaya gefahren, dem Liebesstrand am Meer, um erst mal Flitterwochen zu machen.

"In Pattaya war's einfach toll! Ich war ja absichtlich nicht schon in der ersten Nacht zu Ban-Chong gegangen – das hat sich bezahlt gemacht. Obwohl ich hinterher dachte: Na ja, so toll ist es eben nur beim ersten Mal – aber es ist immer so geblieben, bis heute!"

Jürgen Meier räkelt sich auf der Couch seiner Zweieinhalb-Zimmer-Wohnung in Hamburg, seine dunkelhaarige Frau schmiegt sich zärtlich an ihn. Sie schnäbeln wie Flitterwöchner – im siebten Ehejahr.

"Wissen Sie", sagt er, "ich hatte schon immer eine Schwäche für sanfte, braunhäutige Mädchen aus Fernost... Als ich das Inserat in einer Tageszeitung sah: Hol Dir eine Frau aus Fernost – da gab's für mich kein Halten mehr..."

Er greift nach einer Zigarette – und Ban-Chong hält Feuer für ihn bereit.

Er streckt den Arm nach der Fernsehzeitschrift aus – und Ban-Chong hat schon die richtige Seite für ihn aufgeschlagen.

Sehen Sie", sagt er, "das ist der ganze Unterschied zwischen einer Thai-Frau und einer Europäerin: Die eine bemüht sich pausenlos um dich, die andere widerspricht doch nur! Die Thai-Frau macht nur, was du willst, sie fühlt im voraus, was du im nächsten Moment von ihr erwartest – und sie tut es, ohne daß man es ihr erst sagen muß!"

Eine europäische Frau hingegen: "Da mußt du reden und reden und dir anhören, was die redet – und am Ende mußt du machen, was s i e will!"

Da redest du mit Händen und Füßen, und jeder muß sich auf den anderen konzentrieren, um voranzukommen. Aber es wird viel gelacht!"

Das Ticket für Ban-Congs Flug nach Deutsch-

land war im 5000-Mark-Preis einbegriffen. Jürgen Meier mußte den Vater seiner Braut besuchen – "da hat sie nicht gelogen, der ist wirklich Architekt!" – weil er

Anfangs hat sie sehr gefroren

nicht an Ort und Stelle heiraten konnte.

"Nach thailändischem Recht hätte ich ja noch die Genehmigung meiner Eltern gebraucht..."

Ende Juni 1976 brachte er Ban-Chong nach Deutschland, ihren damals drei Jahre alten Sohn Bat-Cha ließen sie bei ihren Eltern zurück. Am 14. Oktober 1976 wurden sie standesamtlich im dänischen Tondern geheiratet, drei Tage später "mit Glanz und Gloria" kirchlich in Hamburg.

Sie muß mich, nach thailändischen Vorstellungen, für einen Millionär gehalten haben, so hat sie über alles gestaunt, was wir hier so besaß zen", sagt der Ehemann lachend. "Obwohl ich nur 1200 Mark netto verdiente und einen gebrauchten Mercedes fuhr.

Loblied auf die sanften Frauen

Was das "Geschlechtliche" anbetrifft, da rollt Jürgen Meier nur mit den Augen. Ban-Chong brauche ihn nur anzufassen, behauptet er, "und schon geht die Post ab!"

"Mit deutschen Frauen", sagt der Kenner, "ist das doch schon toll, wenn man dreimal in der Woche mit ihr darf! Bei einer Thai-Frau ist dreimal am Tag nichts Ungewöhnliches! Das ist einfach das Höchste!"

*) Name geändert

„BILD"-Serie 1983: „Ich hab mir eine Frau gekauft."

sie sich wünschten, haben im Reich der 7'107 Inseln während eines kurzen Urlaubs ihr Glück gefunden – eine Frau fürs Leben, um die die meisten sie hier beneiden. Die Philippinen bieten wie kein anderes Land ein fast unerschöpfliches Reservoir an heiratslustigen jungen Damen, und zudem sind westliche Männer bei ihnen als Ehepartner noch äusserst beliebt."

Aus einem Schweizer Reiseprospekt: „Thailands schönste Frauen warten auf Sie. Schlank, braun, zart und hingebend erotisch lieben sie den weisshäutigen Mann. Sie sind Liebeskünstlerinnen in natürlicher Wesensart, wie wir Europäer dies nicht kennen."

Diese Beispiele sagen einiges darüber aus, was der „weisshäutige Mann" in seinen eigenen Gesellschaften offensichtlich nicht mehr antrifft – obwohl (oder vielleicht: weil?) er diese Gesellschaften entscheidend geprägt hat. Schönheit, Hingabe, Natürlichkeit und Liebe lassen sich aber nicht handeln.

Das wissen auch – schmerzlich genug – die vielen Behinderten, die, wie sich die Veranstalter von Fernreisen und die Heiratsvermittler oftmals rühmen, zu den dankbaren Kunden dieser Geschäftemacher zählen. Meist erhoffen sich gerade Behinderte über diesen Handel jene Freundlichkeit, jenes bisschen Wärme, jene Anerkennung kaufen zu können, die sie in den westlichen Gesellschaften entbehren müssen.

Hinter den blumigen Werbesprüchen steht denn auch eine nach simplen kapitalistischen Mustern funktionierende Industrie, die – wie viele andere auch – ihren Ursprung im Krieg hat.

Als während des Vietnam-Krieges von 1964 bis 1975 bis zu 50'000 US-Amerikaner in verschiedenen Militärbasen in Thailand und auf den Philippinen stationiert waren, entstand

— „fast von selbst", wie es manchmal zynisch heisst — ein sogenanntes „Rest & Recreation"-Programm für die kämpfenden Truppen, deren Bedürfnisse man sich angesichts der Kriegsführung in Vietnam vorstellen kann.

Ausser den in Thailand stationierten US-amerikanischen Truppen wurden auch G.I.'s zur kurzfristigen „Erholung" nach Thailand eingeflogen, die in anderen Ländern stationiert waren. Mit jährlich bis zu 700'000 erholungsbedürftigen Soldaten entstand sehr bald eine Infrastruktur, die in der Welt ihresgleichen sucht — und zwar vor allem im Nordosten Thailands, im ärmsten Teil des Landes, wo die Strategen des Kriegsgeschäfts allein 36 Erholungszentren anlegen liessen.

Als die Amerikaner 1975 abzogen, blieb diese Infrastruktur zurück — und mit ihr Tausende von Thais, die zu den ärmsten ihres Landes gehört hatten, und die beim Geschäft mit den Yankees zum ersten Mal zu Geld gekommen waren. Viele von ihnen — und nicht nur Frauen — zogen in die Hauptstadt Bangkok, andere in die Tourismusorte, die wie Pilze aus dem Boden zu schiessen begannen. Denn die Lükke, die die abziehenden Soldaten hinterlassen hatten, wurde alsbald gefüllt: mit Massentourismus.

Wie die Soldaten des Vietnam-Krieges, so suchten nun Touristen aus den westlichen Industrieländern und Japan Erholung und Entspannung dort, wo früher allenfalls das bildungsbeflissene Bürgertum in kleinen Gruppen von Tempel zu Tempel gezogen war. Riesige Hotelkomplexe wurden an entlegenen Stränden hochgezogen, Tausende von Menschen fanden Arbeit — und lernten eine Urlaubs-Kultur kennen, die reich und satt daherzukommen pflegte, aber vom „Hunger" getrieben war: Hunger nach Kontakt, Wärme, Gefühl, Hunger nach Überlegenheit und Unterwerfung. In Thailand fand sich alles – im Übermass. Die italienische Journalistin Oriana Fallaci meinte, „Umweltbedingungen" feststellen zu können: für die Sanftmut und Weiblichkeit der ostasiatischen Frauen ebenso wie für die Härte und den Machismo der westlichen Männer. Und sie beobachtete, nachdem eine grosse Zahl von US-Soldaten japanische Ehefrauen mit in die USA genommen hatte, dass „nicht wenige dieser ehemals verführerischen Kreaturen" unter den Bedingungen der westlichen Gesellschaft zu „grässlichen Mannweibern" wurden.

Heute arbeitet in Thailand fast eine halbe Million Frauen im Sexgewerbe. Die gesellschaftlichen und wirtschaftlichen Erklärungen des Phänomens Sexgewerbe wären unvollständig ohne die Missverständnisse und Mythen, mit denen sich die westlichen Geschäftemacher und ihre Kunden von jeder Verantwortlichkeit reinzuwaschen versuchen. Der Mythos beispielsweise, Prostitution sei eine uralte asiatische Tradition, ist leicht zu widerlegen. Allein ein Blick auf die Rest & Recreation-Massnahmen in Thailand, in Vietnam und auf den Philippinen zeigt, wann und aus welchen Gründen Hunderttausende von Frauen zu dieser Art Erwerb gekommen sind. Und dass inzwischen nach amtlichen Schätzungen 16'000 Thailänderinnen als Prostituierte im Ausland tätig sind, liegt ebenso wenig an uralten Traditionen. Neu ist auch, dass die Philippinische Botschaft in der Bundesrepublik Deutschland täglich bis zu zehn Anfragen erhält, die sich auf Eheschliessungen zwischen Deutschen und Filipinas beziehen. Allein in den Jahren 1981 bis 1983 wurden mehr als eintausend Filipinas durch Ehevermittlungsinstitute nach Deutschland geholt.

Dass die asiatische Frau eben „anders" sei und gern die Rolle der unterwürfigen Sexpartnerin spiele, ist ein weiterer Mythos, der spätestens durch die unzähligen Berichte in Schweizer und deutschen Zeitungen widerlegt worden ist, in denen von unglaublichen Schicksalen solcher Frauen gesprochen wird. „Asiatische Frauen sind nicht anders, aber sie sind arm, ungeschult, abhängig", schreibt Regula Renschler von der „Erklärung von Bern". „Ihr Lächeln, ihre Fröhlichkeit sind eine Maske, eine Waffe im Kampf ums Überleben; ihr Interesse an europäischen Ehemännern Ausdruck jenes verzweifelten Wunsches, endlich aus dem Elend herauszukommen, endlich einmal ein sorgenfreies Leben geniessen zu können. Zwei Hauptgründe, oft miteinander gekoppelt, haben sie in die Prostitution geführt: die materielle und soziale Notsituation der Familie und ein oder mehrere seelische Ereignisse, die sie aus dem Gleichgewicht warfen. Die allermeisten stammen aus ländlichen Elendsgegenden oder aus Arbeiterfamilien. In den ländlichen Gebieten Thailands haben die Frauen eine zentrale Rolle inne: Sie sind die Ernährerinnen, sie fühlen sich für die Familie verantwortlich. Dasselbe gilt für die philippinischen Frauen. Die Familie ist der Hauptgrund, weshalb sie in die Sexindustrie eingestiegen sind, und die wichtigste Hoffnung, da wieder rauszukommen."

Dass sich rassistische Stereotypien dennoch halten, mag an der Tatsache liegen, dass die „Sklavinnen" der Sexindustrie je weniger Wert zu haben scheinen, je weiter ihre Heimat von der westlichen Welt entfernt ist. Was die „Neue Zürcher Zeitung" im April 1951 — in der Zeit des „weissen Sklavenhandels" nach dem Zweiten Weltkrieg — schrieb, gilt auch heute ganz allgemein:

„Alles was dazu dient, die wirtschaftliche und soziale Stellung der Frau zu heben, und alle Massnahmen, die ihr helfen, ein rechtes Einkommen zu verdienen oder sich in einem normalen Alter zu verheiraten, tragen dazu bei, die Zahl der Frauen zu vermindern, die aus Not der Prostitution verfallen."

Das betraf damals die mitteleuropäischen Frauen, die Töchter einer Gesellschaft, die offenbar zu jener Zeit nicht in der Lage war, die wirtschaftliche und soziale Stellung der Frau zu sichern. Die Abhängigkeiten, denen sich heute die neuen Sklavinnen gegenübersehen, sind jedoch weit schwerwiegender.

Da sind, wie Sudarat Sereewat aus Thailand 1983 dem Weltkirchenrat berichtet, die „physischen Gesundheitsprobleme", die sich aus dem Machtmissbrauch der westlichen Männer ergeben. „Die physische Brutalität dieser Männer reicht so weit, dass manche Thailänderinnen für längere Zeit in Krankenhausbehandlung kommen, andere finden dabei sogar den Tod." Da sind weiter die ökonomischen Probleme der Sklavinnen des hiesigen Sexgewerbes, die um ihren Lohn betrogen werden und ständig darum fürchten müssen, ihre Stellung zu verlieren. „Aber das ernsthafteste Problem", so die Wissenschaftlerin, „ist der Verlust von Identität und die Entfremdung. Herausgerissen aus ihrem sozialen Umfeld sind sie unfähig, sich in ihre neue Umgebung einzufügen, hauptsächlich der Sprache und anderen Kultur wegen." Geplagt von Schuldgefühlen und der gesellschaftlichen Erniedrigung können die meisten dieser Frauen den einmal eingeschlagenen Weg nicht mehr verlassen.

Eine weitere Abhängigkeit ergibt sich aus der restriktiven Gesetzgebung der sogenannten „Gastländer", die eine „Überfremdung" ihrer Arbeitsmärkte befürchten. Das Besuchervisum in Österreich ist sechs Monate gültig, in der Bundesrepublik drei Monate und in der Schweiz nur einen Monat. Während dieser Zeit dürfen Touristen keine bezahlte

Arbeit annehmen. In der Schweiz werden nur ausländischen Künstlern und Artisten ausserhalb der Gastarbeiter-Kontingentierungen Arbeitsbewilligungen für einen Monat erteilt, die achtmal erneuert werden können. Dies ist die Gesetzeslücke, durch die ausländische Gogo-Girls heute in der Schweiz zu einem Arbeitsvertrag kommen.

Selbst die Eheschliessung in Mitteleuropa löst das Problem dieser Abhängigkeit nicht: Zwar erwirbt die ausländische Ehefrau in der Schweiz mit der Heirat sofort die Schweizer Staatsbürgerschaft, in der Bundesrepublik Deutschland jedoch muss sie sich mindestens zwei, im schlimmsten Fall fünf Jahre „bewähren", bevor ihr die deutsche Staatsbürgerschaft gewährt wird.

Diese Beschränkungen schaden dem Geschäft dennoch nicht. Der Herausgeber des Schweizer „Sex-Anzeigers", Peter Baumann, spricht von „Millionenbeträgen", die dem Fiskus jährlich entgingen, wenn dem Sexgewerbe noch mehr Beschränkungen auferlegt würden. Und die Nachfrage scheint nur zu wachsen: In den letzten Ausgaben des „Sex-Anzeigers" waren jeweils bis zu dreissig Anzeigen von Studios und Salons enthalten, die mit „Südamerikanerinnen", „Thai-Girls", „Perlen von Rio", „Mulattinnen" und anderen farbigen Schönheiten für ihre Dienste warben.

Dass die Kasse im Schweizer Sexgewerbe zu stimmen scheint, beweisen auch einschlägige Offerten im Wirtschaftsteil der Zeitungen: „Erstklassige Kapitalbeteiligung" wird da beispielsweise in der „Tribune de Genève" vom Juni 1984 an einem „neuerstellten Hotelkomplex mit Entertainment-Betrieben in Pattaya, Thailand" angeboten. Man informiere sich über die „hohe Wertsteigerung" bei der „Swiss Thai Asia Group" in Zürich.

„Wir haben einem dieser Heiratsvermittler, die den menschenverachtenden Frauenhandel betreiben, und der besonders dick im Geschäft steckt, das Auto in Brand gesetzt", schreibt die „Rote Zora", eine Frauengruppe in der Autonomenszene der Bundesrepublik Deutschland. „Und wir haben das philippinische Konsulat in Bonn mit einem Sprengsatz angegriffen, da die philippinische Regierung diese Geschäfte unterstützt und schürt, Land und Leute verkauft, um sich selbst zu bereichern."

Tatsächlich müssen alle im Ausland arbeitenden Filipinos, auch die in der Sexindustrie tätigen, einen relativ hohen Prozentsatz ihrer Einkommen dem Fiskus abführen; die Botschaftssekretärc in Bonn, Bern und Wien sind für die Erfassung zuständig. Von den Investitionen im Tourismusbereich und den transferierbaren Gewinnen profitieren, wie es hinter vorgehaltener Hand immer wieder heisst, auch Regierungsbeamte der jeweiligen Länder.

Im Kampf gegen das Sexgewerbe, an dem sich nicht nur die „Rote Zora", sondern beispielsweise auch 150'000 Frauen der katholischen und evangelischen Kirche beteiligen, geht es nicht um Moral und gute Sitte, sondern um Ausbeutung und Machtansprüche. Die „Rote Zora" schreibt anlässlich eines Überfalls auf den Heiratsvermittler Menger:

„Sexismus und Rassismus sind so tief verankert, dass es für die weissen Männer eine Selbstverständlichkeit ist, sich die Frauen der Dritten Welt nach ihren Bedürfnissen anzueignen — wie die Rohstoffe und Naturschätze dieser Länder."

Der Nationale Christenrat von Japan hat das vor Jahren anlässlich einer Konsultationsreise nach Thailand so beschrieben:

„Kunde und Opfer sind in einem organisierten System von Ausbeutung, Ungerechtigkeit und Gewalt zu einem wirtschaftlichen Zweck gefangen, für den die ökonomische und politische Elite verantwortlich ist."

Nicht die Prostitution, sondern die gesellschaftlichen und wirtschaftlichen Bedingungen, die Prostitution möglich und erforderlich machen, stehen zur Debatte. Oder, wie es der Weihbischof von Lyon, Msgr. Ancel – durchaus im Sinne der „Roten Zora" – formulierte:

„Der Kampf gegen die Prostitution – das ist der Kampf für gerechte Löhne, der Kampf um gerechte Arbeitsbedingungen, der Kampf um angemessenen Wohnraum."

Fallstudien:
Reduzierte Beziehungen und wie sie enden

Die folgenden vier Fälle stehen für viele, weil an ihnen das Ausmass des Problems deutlich wird. Es sind Fälle von Beziehungen zwischen Frauen aus armen Ländern und Männern aus reichen Ländern – Beziehungen, die von ihrer Ausgangssituation her reduziert waren und reduziert blieben bis zum meist dramatischen Ende.

Nelly, Anna, Sue und Mary stehen für Tausende von weiblichen Wirtschaftsflüchtlingen, wie man sie heute nennen würde, die in ihren eigenen Ländern keine Möglichkeit mehr sehen, sich und ihre Familien am Leben zu erhalten, und die – auf welche Weise auch immer – ein anderes Leben, bessere Aussichten kennengelernt haben und ihre Chance wahrzunehmen versuchen. Dass sie mangelhaft informiert worden sind, betrogen und missbraucht werden, merken sie oft nicht einmal, wenn bereits alles gelaufen ist.

Otto Ganser, Albert Keller, Karl-Heinz Vogel und Eugen Basler ermöglichen den Sprung in die reichen Länder – nichts mehr. Ohne sie verfällt diese Chance. Sie sind Vertreter einer kleinbürgerlichen Welt, die angesichts der Macht, die ihnen plötzlich in Entwicklungsgesellschaften zugeschrieben wird, leicht dem Grössenwahn verfallen.

Vor diesem Hintergrund sind auch die Männer die Betrogenen. Sie erliegen den Versuchungen, die ihrer sozialen Klasse permanent eingeredet werden, und produzieren Trümmer, wo sie Paradiese schaffen wollten.

Erster Fall:
„Er hat den reichen Macker gespielt."

Nelly war in Kenia, was man ein „Taxi-Girl" nennt. Ein Ta-xi-Girl ist ein Mädchen, das Taxis vermittelt, nichts sonst. Nelly arbeitete mit einem Jungen zusammen, der das Taxi fuhr. Ausserdem hatte sie einen „Kiosk", eine Bretterbude, wo sie Bonbons, Zigaretten und allerlei Krimskrams ver-kaufte.

Nelly gehört zu einer grossen Familie: Neun Geschwister, Tanten und Onkel, Cousinen und Cousins, Nichten und Neffen leben mehr oder weniger von ihrem Verdienst. Nelly hat es weit gebracht, wie man bei ihr zuhause sagt. Aber un-ter den Elenden ist selbst der Arme ein König.

Und dann kommt der Tag, an dem jener ältere Herr in Nel-lys Leben tritt. Otto Ganser bezahlt 100 Schilling für das Ta-xi, statt 40, wie gefordert. Er lädt Nelly zu einer Cola ein. Am nächsten Tag treffen sie sich zu einem Whisky in der Hotelbar. Jedesmal, wenn die beiden Kaffee oder Whisky trinken, gibt Otto Ganser mehr Geld aus, als Nelly in einer Woche verdient. Nelly bewundert ihren reichen Verehrer.

Als Otto Ganser zum zweiten Mal nach Kenia kommt, er-wartet ihn Nelly mit Ungeduld. Die Freundinnen bewun-dern sie, die Familie redet ihr gut zu: Sei bloss nett zu diesem Europäer! Und Nelly lässt sich mit Otto Ganser überall se-hen. Er ist 57 Jahre alt, sie ist 29. Der Altersunterschied hat in den Augen von Nellys Familie nur Vorteile: Wenn der alte Herr stirbt, erbt die dann noch relativ junge Frau alles, kann eine eigene Existenz aufbauen und einen jüngeren Mann hei-raten. Dafür bekommt der ältere Mann eine junge Frau für die letzten Jahre seines Lebens. Das ist weder unmoralisch noch berechnend, sondern einfach praktisch.

Otto Ganser erzählt von seiner Autowerkstatt, die er in der fernen, sagenumwobenen Schweiz haben will. Er macht Nelly den Hof und erklärt ihr, dass eine Frau, deren Mann eine Werkstatt hat, nicht zu arbeiten braucht, schon gar nicht mit alten Taxis. Otto Ganser war ja schon etwas älter, und wenn Nelly ihn heiratete, würde man miteinander einem schönen Lebensabend entgegensehen. Und wenn er erst einmal tot sei, meinte Otto Ganser, könne Nelly immer noch sehen, was sie mit dem vielen Geld mache.

Nelly macht Pläne. Einen reichen Ausländer heiraten ist, wenn man eine grosse Familie zu versorgen hat, noch das beste. Und der Kiosk, die Bretterbude mit Bonbons und Zigaretten – das ist wahrhaftig nicht das, was ihrer Würde entspricht.

Im September 1982 heiratet der angebliche Werkstattbesitzer Otto Ganser die Taxifrau Nelly in Nairobi. Mit dem nächsten Flugzeug geht es nach Zürich. Die Freundinnen beneiden Nelly, und die Familie richtet sich darauf ein, einen monatlichen Scheck aus der Schweiz zu erhalten.

Otto Ganser arbeitet tatsächlich in einer Autowerkstatt, aber sie gehört ihm nicht. Von den 500 Franken, die er Nelly geben wollte, damit sie ihre Familie in Kenia unterstütze, ist keine Rede mehr. Nelly findet heraus, dass ihr Mann seine Reisen nach Kenia auf Kredit gemacht hat.

„Ich möchte so gern eine Familie", sagte er ihr immer wieder, und der ältere Mann tut der jungen Frau leid. Seit zwanzig Jahren, seit seine kinderlose Ehe geschieden worden ist, lebt er allein. Nelly bekommt ein Kind. Otto Ganser will unbedingt einen Sohn. Als Nelly im Krankenhaus untersucht wird, stellt sich heraus, dass sie eine Tochter zur Welt bringen wird. Sie sagt ihm nichts, sie hat Angst, dass er sie verstossen wird.

Nach der Geburt der Tochter hat Nelly einen Nervenzusammenbruch. Otto Ganser will von dem Kind nichts wissen. Das kleine Mädchen ist schwarz, und es ist kein Sohn. Tagelang „vergisst" er, Nelly den Schlüssel für die Wohnung dazulassen. Dann „vergisst" er, Lebensmittel einzukaufen. Er hält Babysachen für unwichtig und beginnt zu trinken.

Nelly schreibt nach Hause, dass sie ein Kind habe, aber sie schreibt nichts über ihre unglückliche Ehe. Sie hat schon verschwiegen, dass ihr Mann kein Werkstattbesitzer ist, dass man kein neues Auto gekauft hat, dass es Gründe gibt, warum sie noch kein Geld nach Hause geschickt hat. Nelly schreibt auch nicht, dass ihr Mann jetzt trinkt.

Am 24. Januar 1984 nimmt Nelly ihr Baby und flieht aus der gemeinsamen Wohnung. Sie sucht im Telefonbuch nach einem Haus, von dem sie gehört hat: Das Frauenhaus in Zürich nimmt sie auf. Als sie ihren Mann durch einen Rechtsanwalt fragen lässt, ob er mit der Scheidung einverstanden sei, bekommt sie eine zustimmende Antwort. Die Ehe wird geschieden. Nelly bekommt Sozialhilfe, denn sie ist Schweizerin, und sie kann mit ihrer Tochter eine Sozialwohnung in einem Zürcher Vorort beziehen.

Zweiter Fall:
„Es war die Hölle."

Erlenbach liegt am Zürichsee, ein paar Kilometer südlich von Zürich, malerisch, ordentlich, sauber und bürgerlich. Schwere Gardinen vor meterhohen Fenstern machen den Blick ins Innere der Villen unmöglich. Einige der viertausend Millionäre Zürichs wohnen in dem schöngelegenen Villenort an der Seite des Sees, die auch „Goldküste" genannt wird. Man wohnt gern ein bisschen ausserhalb, und es ist ruhig in Erlenbach.

Mietshäuser gehören eigentlich nicht hierhin. Aber nicht alle Leute sind Millionäre, nicht alle können sich ein eigenes Haus leisten. Doch hinter den Gardinen der Mietshäuser sieht das Leben wohl nicht viel anders aus als hinter den schweren Portieren der Villen. Albert Keller wohnt in einem Mietshaus.

Als Albert Keller im November 1981 in die Karibik reist, hat er bereits zwei Ehen mit Schweizer Frauen hinter sich. Es ist nicht seine erste Reise dorthin. Besonders die Kleinen Antillen haben es ihm angetan: die britischen Kolonien St. Kitts, Antigua, Dominica, St. Lucia und Barbados, die französische Besitzung Martinique, sowie die soeben unabhängig gewordene Insel Grenada, wo mit Krediten der Europäischen Gemeinschaft ein riesiger Flughafen für den wachsenden Tourismus gebaut wird. Auf den kleinen Inseln ist Albert Keller als Schweizer noch eine Rarität, und er nutzt das Image des reichen Europäers.

Von seinen Reisen bringt Albert Keller regelmässig Mädchen mit nach Hause. Die 24jährige Martina aus Dominica, die einige Wochen bei ihm verbrachte, hat er schon vor Monaten wieder zurückgeschickt. Nur ein paar Pornofotos erinnern an die junge Frau. Albert Keller mag Pornofotos, und er verwahrt die Bilder in seiner Wohnung, um sie sich hin und wieder anzusehen.

Jetzt reist Albert Keller nach St. Lucia, um die 16jährige Helen zurückzubringen, die er sich für drei Monate ausgeliehen hatte. Er wird der Familie erzählen, dass sich Helen nicht habe einleben können, dass sie die Schule schwänzte, wo sie hätte Deutsch lernen sollen, dass sie ihm ungehorsam war. Und Helens Vater wird sich wohl beim reichen Europäer entschuldigen und der verpassten Chance nachtrauern. Natürlich weiss der Vater nichts von den Pornofotos und Videofilmen, die der 50jährige Keller von der minderjährigen Tochter gemacht hat und sorgfältig in seiner Wohnung aufbewahrt. Und Helen wird schweigen, weil die Schande, nach Hause zurückgebracht zu werden, schon schlimm genug ist. Wer würde ihr die Geschichte mit den Fotos und den Videofilmen glauben, wer würde ihr glauben, dass der reiche Europäer sie mit jungen Schweizer Mädchen zusammengebracht hat und die befohlenen Pornospielchen fotografierte und filmte?

Auf St. Lucia hat es sich herumgesprochen, dass Albert Keller so etwas wie ein Wissenschaftler oder mindestens ein Entwicklungsexperte sei. Er mache eine Studie, sagt er. Und immer mal wieder nimmt er Mädchen in seinem Mietwagen mit, die ihn auf seinen „Studien" begleiten sollen. Er trifft sie im Hotel und im Café, auf der Strasse und im Bazar. Und die Mädchen geniessen die Gesellschaft des feinen Herrn.

Im Bazar trifft Albert Keller auch Anna. Sie ist gerade 18 Jahre alt geworden und sehr hübsch: eine gute Figur, dunkle Samthaut, blitzende Augen. Keller lädt die karibische Schönheit zum Kaffee ein und verabredet sich für denselben Abend mit ihr. Sie nehmen einen Drink an der Hotelbar, dann verabschiedet sich das Mädchen. Anna muss spätestens um zehn Uhr zuhause sein. Albert Keller hat zwar seine Zweifel, was die Unschuld der jungen Dame angeht, aber er hat ja diesmal andere Pläne, langfristige sozusagen.

Am nächsten Tag macht Keller einen Besuch bei Annas Familie. Demonstrativ lässt er das Horn seines amerikanischen Wagens ertönen. Annas Tante stürzt ins Haus, um die glückliche Nichte zu holen: „Er ist da, er ist da!" triumphiert sie, denn natürlich sprach bereits die ganze Familie von jenem reichen Europäer, der Anna zu einem Drink an der Hotelbar eingeladen hatte. Keller nimmt Anna mit in die Stadt, um sie in seine Zukunftspläne einzuweihen: Eine Karriere stehe ihr bevor, die beste Karriere, die sie sich vorstellen könne. Da Anna einmal als Empfangsdame in einem kleinen Hotel gearbeitet hat, glaubt sie zu verstehen, was Albert Keller mit einer Karriere in der Schweiz meint: die weite Welt, schöne Kleider, Geld und viele nette Menschen. Aber dann wird ihr wieder die Absurdität dieses Vorschlags bewusst und sie lässt ihn abblitzen: „Ich will keine Karriere. Vielleicht Geld, ja, und nette Leute. Aber ich will nicht in die Schweiz. Ausserdem: Ich kenne dich doch gar nicht!"

Keller gibt nicht auf. Am Tag vor seiner Abreise besucht er die Familie noch einmal und erklärt seine Absichten in bezug auf die Karriere der Tochter des Hauses. Er lässt auch durchblicken, dass er ja inzwischen geschieden sei, dass er allein lebe, und dass kein Mann mehr allein leben möchte, wenn er erst einmal eine so hübsche junge Frau wie Anna kennengelernt habe. In Annas Familie sieht man sich bedeutungsvoll an. Aber Anna lacht nur.

Eine Woche danach landet Albert Keller wieder auf der Karibikinsel St. Lucia, und sein Weg führt ihn sofort in Annas Elternhaus. Er legt ein Flugticket auf den Tisch, mit dem man auf dem Weg in die Schweiz sogar noch einen Abstecher nach Miami machen kann. Dann geht alles ganz schnell: Besuche bei Onkeln und Tanten, der Segen des Grossvaters, tränenreicher Abschied von Brüdern und Schwestern: Albert wird Anna in der Schweiz heiraten. Die Glückliche.

Anna, die glückliche, ist etwas über achtzehn, und sie ist tatsächlich zu jener Zeit noch nie mit einem Mann zusammengewesen. Noch immer macht ihr die ferne Schweiz Angst, aber der Luxus und das paradiesische Wetter in Miami lassen sie diese Furcht vor dem Ungewissen vorerst vergessen. Erst bei der Ankunft im kleinen, engen, nasskalten Erlenbach am 28. Januar 1982 schnürt sich ihr Herz zusammen. Als sie Albert Kellers Mutter kennenlernt, merkt Anna zum ersten Mal, dass sie in eine fremde, ihr feindliche Welt gekommen ist: Alberts Mutter spricht nicht mit ihr, sieht sie nur hin und wieder verächtlich an, grüsst nicht einmal mit einem Kopfnicken.

Das Appartement ist eng, wie wohl alles, was man hinter den Gardinen der Mietshäuser in Erlenbach vermuten kann. Albert hat nur ein Bett, ein viel zu schmales, wie sich Anna erinnert. „Ich kann in so schmalen Betten nicht schlafen, jedenfalls nicht mit dir", sagt sie zu Albert und zieht aufs Sofa um.

Als die beiden sechs Monate später, im Juli 1982, heiraten, ist Albert Keller 51 Jahre alt, seine Frau neunzehn. Anna fällt auf, dass Albert trinkt: Bereits vor dem Mittagessen beginnt er mit scharfen Sachen. Wenn sie, wie nur selten, ausgehen und ein Restaurant besuchen, muss sie ihren Mann anschliessend nach Hause schleppen. Was ihn nicht hindert, die ehelichen Pflichten einzufordern, wenn möglich gleich mehrfach, Nacht für Nacht, bis sie sagt: „Ich bin doch kein Muli, das du wieder und wieder durchficken kannst."

Albert Keller wünscht sich ein Kind. Anna weigert sich, sie fühlt sich zu jung, sie weiss nicht, ob sie so weiterleben möchte; sie will nicht, dass Albert Keller der Vater ihres Kindes wird. Im Oktober 1982 ist sie schwanger. Keller umsorgt sie, obwohl sie ihm zeigt, wie sehr sie ihn bereits verachtet. Als er herausfindet, dass sie sich im Gemeindehaus erkundigt hat, wie sie eine Scheidung einleiten könne, schlägt er sie zusammen. Sie wird mit Blutungen ins Krankenhaus eingeliefert, aber die Ärzte meinen, dem Kind sei nichts passiert. Die Hölle beginnt. Mehrfach spricht Anna mit der Gemeindeschwester, die ihr auch nur zu raten weiss, sie solle sich mit ihrem Ehemann einigen. Ein Gynäkologe schlägt vor, mit einer Trennung bis nach der Geburt des Kindes zu warten. Albert Keller trinkt nicht mehr, er säuft. Hemmungslos. Zwischendurch nimmt er sich, worauf er als Ehemann ein Recht zu haben glaubt; er versucht auch, Fotos und Videos von seiner schwangeren Frau anzufertigen, weil ihn das, wie er sagt, unheimlich aufgeile. Dann wieder schlägt er sie oder streitet mit ihr lauthals in der Öffentlichkeit, bespuckt sie und verflucht „den Balg da in deinem Bauch".

Nach einem solchen Streit in einem Restaurant — Anna ist im dritten Monat schwanger — geht sie in die Apotheke, holt Schlaftabletten und nimmt die ersten zwölf Stück. „Du wirst schon sehen", schreit sie ihn an, „was morgen früh ist, dann kannst du mich beerdigen!" Er glaubt ihr nicht. In der Nacht schluckt sie den Rest aus dem Röhrchen. Aber sie stirbt nicht. Auch der Versuch, sich mit einer Flasche Essig umzubringen, schlägt fehl. Ein weiterer Selbstmordversuch, bei dem Anna sich mit einem Küchenmesser umzubringen versucht, wird von Alberts Mutter vereitelt, die der ungeliebten Schwiegertochter wortlos das Messer aus der Hand windet und erst eine menschliche Regung zeigt, als sie selbst sich dabei schneidet. Sie schreit Anna an, doch wenigstens auf das Leben in ihrem Leib Rücksicht zu nehmen. Anna ist entschlossen, ihren Mann so schnell wie möglich, bei der nächsten Gelegenheit, zu verlassen.

Kellers Eifersucht und seine Angst, Anna zu verlieren, steigern sich von Stunde zu Stunde, von Tag zu Tag. Schon mittags betrunken, überwacht er doch jeden Schritt, den seine Frau tut. Und sie kommt nicht weit: Zumeist verschliesst er die Tür der Wohnung. Schlüssel hat sie längst keine mehr, auch ihren Schmuck hat er an sich genommen, ebenso ihre Papiere.

Wieder kommt es in einem Restaurant zu einer Eifersuchtsszene, als sie mit einem Ungarn spricht, den er nicht kennt. „Erzähl mir doch nichts, der hat dich doch gefickt, und der Balg ist gar nicht von mir", schreit er sie an, voller Panik, dass er vielleicht recht haben könnte, völlig betrunken und fassungslos, weil er keine Macht über diese junge schwarze Frau hat. „Geh doch aufs Klo", brüllt er sie an, als sie zu Hause angekommen sind, „und scheiss den Affen aus, du Nutte!" Dann packt er Anna und wirft sie samt den Decken, mit denen sie sich auf dem Sofa im Wohnzimmer zuzudecken pflegt, auf den Balkon in den Regen hinaus.

Anna ist im fünften Monat. Der folgende Tag beginnt wie jeder andere: Albert Keller besäuft sich, und gegen Mittag ist er so geladen, dass er Anna anfleht, mit ihm zu schlafen. Sie verweigert sich ihm aus Ekel, aber auch aus Angst um ihr Kind. Er vergewaltigt sie. Wieder wird Anna mit Blutungen ins Krankenhaus eingeliefert, bekommt Infusionen, kann das Kind noch drei Wochen halten. Nach sechs Monaten Schwangerschaft bringt sie einen kleinen Jungen zur Welt. Als Anna aus dem Krankenhaus nach Hause kommt, findet sie neue Fotos vor. Einige scheinen schon älter zu sein, aber sie hat sie nie zuvor gesehen. Eine ganze Serie ist dabei, in der sich ein etwa 14 Jahre altes Mädchen, das ebenfalls aus der Karibik stammt, pornografisch zur Schau stellt.

Anna geht zur Polizei. Als Keller vorgeladen wird, beschimpft er die Polizisten, nennt sie Schweine und Voyeure, die sich ja nur aufgeilen wollten und schleift Anna wieder nach Hause.

Am 7. Februar 1984 nimmt Anna ihren Sohn auf den Arm und verlässt das Mietshaus in Uetikon, wohin man inzwischen umgezogen ist, vierzehn Kilometer südlich von der alten Mietwohnung: ebenfalls am Zürichsee, ebenso malerisch, ordentlich, sauber und bürgerlich wie Erlenbach.

Albert Keller sucht sie, geht zur Polizei, beschimpft die Beamten und landet für eine Nacht in der Zelle. Inzwischen hat Anna Unterschlupf bei einer Bekannten gefunden. Drei Wochen bleibt sie weg.

Als die Polizei sie einmal mehr wegen der Fotos vorlädt, die bei ihrem Mann gefunden wurden, treffen die beiden aufeinander. Keller fleht Anna an, wieder zu ihm zurückzukommen, er werde nie wieder saufen, und er werde sich auch eine Arbeit suchen. Bis dahin hat er von der Arbeitslosenunterstützung gelebt, sowie von Geld, das er von seiner Mutter und seiner ehemaligen Frau bekam. Anna willigt ein. Am nächsten Tag zieht sie wieder in die gemeinsame Wohnung ein.

Aber die Eifersucht des 53jährigen ist grenzenlos: Als Anna am nächsten Morgen wegen einer Besorgung nach Zürich fahren will, schliesst er sie ein und nimmt die Schlüssel mit. Nur mit Hilfe einer Nachbarin kommt Anna frei, nimmt wieder einmal ihren Sohn und geht zur Polizei. Man bringt sie nach Zürich ins dortige Frauenhaus.

Albert Keller hat schnell herausgefunden, wo Anna und das Kind sind. Schliesslich hat er ein Recht darauf, den Aufenthaltsort seiner Frau und seines Sohnes zu erfahren. Man gibt ihm allerdings nur die Telefonnummer. Keller ruft täglich an, zweimal, dreimal. Er bringt sogar seine ehemalige Frau dazu, ebenfalls im Frauenhaus anzurufen, um Anna zur Rückkehr zu bewegen. Und er schreibt Briefe:
„Meine geliebte Frau Anna, ich kann nicht mehr leben, wenn Du und unser Sohn nicht sofort nach Hause kommen. Glaub doch nicht, dass Dein jetziges glückliches Leben immer so anhalten könnte, ich bin sicher, Du wirst nur ausgenutzt. Komm zurück, ich habe auch Arbeit und verdiene sechs bis siebentausend Franken, und Du kannst ja dazuverdienen, dann kommen wir gut aus. Bald werden wir genug Geld haben, um auch Deine Familie in St. Lucia besuchen zu können. Und dann können wir ein Restaurant aufmachen und eine Video-Disko. Ich vermisse Dich so sehr, und ich werde mehr Geduld haben und alles tun, um Dich glücklich zu machen. Komm doch zurück, Dein Mann."
Den Brief schreibt er in jenem unbeholfenen Englisch, in dem sich die beiden Eheleute verständigen, seit sie sich kennen. Dann schickt er ein Telegramm an Annas Vater, der besser Französisch als Englisch versteht, mit der Bitte, er möge auf Anna einwirken: „Sauvez mon coeur!"
Erst die Eidesstattliche Versicherung, die er am 7. März 1984 vom Notariat Meilen stempeln, beglaubigen und Anna zustellen lässt, ist in deutscher Sprache und eindeutig:
„Ich verspreche hiermit, in der ehrlichen Absicht, das bestehende Eheverhältnis aufrecht zu erhalten, folgendes: Ich werde sofort mit aller Willenskraft versuchen, mich besser unter Kontrolle zu halten im Hinblick auf ein glückliches Familienleben und werde Wünsche und Anregungen meiner

Frau respektieren. Ich bin einverstanden, dass meine Frau im Rahmen des Zumutbaren auch Freunde und Bekannte einladen und besuchen darf, soweit es sich mit ihren Verpflichtungen als Frau und Mutter vereinbaren lässt." Sieben Punkte enthält das schriftliche Versprechen Albert Kellers, für dessen Beglaubigung er fünf Franken bezahlt.

Anna lernt jetzt Deutsch. Vom Frauenhaus ist sie in eine eigene kleine Wohnung umgezogen, sie bezieht Sozialhilfe, will aber wieder arbeiten gehen. Schliesslich hat sie einmal an einer Hotelréception gestanden. Und eigentlich war ja das der Grund, weshalb sie die Insel ihrer Familie in den Kleinen Antillen verlassen hat.

„Sobald ich das Geld für die Reise habe, für mein Kind und mich, gehe ich zurück. Was soll ich in der Schweiz? Was soll ich in dieser feinen Stadt Zürich, wo sich die Frauen in Frauenhäuser flüchten müssen, was soll ich in Erlenbach und Uetikon? Was soll ich mit einem Mann, der nie zu lieben gelernt hat? Wie soll ich ein Land lieben, wenn ich den Mann nicht liebe, der in diesem Land zu Hause ist?" Anna macht die Vorhänge ihrer kleinen Wohnung weit auf, und ihr Blick bleibt hängen an den dichtverhüllten Fenstern des Mietshauses auf der gegenüberliegenden Strassenseite.

Zwei Tage vor der Verhandlung, in der sie die „Freiheit" bekommen hätte, zwei Tage vor ihrer Scheidung also, packt Anna sorgfältig ihre wenigen Sachen zusammen, nimmt ihren Sohn auf den Arm und geht zurück zu ihrem Mann, dem einzigen Menschen, den sie in der ordentlichen, sauberen Schweiz kennt, und der sie einst von der karibischen Insel St. Lucia ins Paradies nach Europa geholt hat.

Dritter Fall:
„Ich habe keine Wahl, ich werde ihn heiraten."

Karl-Heinz Vogel ist 42 Jahre alt und querschnittsgelähmt. Seit Jahren leidet er unter Multipler Sklerose. Er weiss: Seine Heilungschancen sind fast null.

Als er im Jahr 1981 die Möglichkeit bekommt, mit einer Reisegruppe von Rollstuhlfahrern in die Philippinen zu fliegen, sagt er zu. Er war einmal Arbeiter in einer Weinfabrik. Seit fünf Jahren bezieht er eine Rente; ausserdem bezahlt die Krankenkasse einen Pfleger, der ihm alle Handgriffe abnimmt. Karl-Heinz Vogel kann allein nichts tun. Aber auf die Reise nach Manila braucht er keinen Pfleger mitzunehmen; der Reiseveranstalter versichert den Teilnehmern, dass für alles gesorgt sei. Im Dezember 1981 fliegt Karl-Heinz Vogel nach Südostasien.

Sue ist im April 1966 geboren, also zu der Zeit, als sie Karl-Heinz Vogel zum ersten Mal trifft, gerade 15 Jahre alt. Vogel hat sich in Sues Schwester verliebt, die an der Kasse des Hotel-Sanatoriums arbeitet, in dem Vogel während seines Philippinenurlaubs wohnt. Aber die Schwester hat keine Lust zu dieser Bekanntschaft; ausserdem hat sie schon einen Freund. Sie schlägt Sue vor, sich um Vogel zu kümmern. Es sei ja sicher etwas Geld zu verdienen. Sue soll 200 Pesos im Monat bekommen, allerdings nicht als Pflegerin, sondern als Köchin in Vogels Appartement.

Zu Sues Familie gehören sieben Schwestern und drei Brüder. Eigentlich hat ihr eine Laufbahn als Sekretärin vorgeschwebt; aber als sie 1982 die Sekundarschule verlässt, um aufs College zu gehen, verliert sie bald die Lust. Die Aussichten sind gering, jemals eine gute Stellung als Sekretärin zu bekommen. Die meisten ihrer Freundinnen planen, eine

Stelle in Singapur oder in Hongkong zu suchen. Und da will Sue nicht hin.

Nachdem sie drei Monate für Karl-Heinz Vogel gekocht hat, weiss sie, wohin sie will. Vogel hat ihr hin und wieder etwas zum Anziehen gekauft, und er hat gesagt: „Ich werde wiederkommen, und dann nehme ich dich mit nach Deutschland." Sue ist noch keine 16 Jahre alt, aber sie weiss: Deutschland, das ist allemal besser als Singapur und Hongkong. Ausserdem, so erinnert sie sich heute, ausserdem hatte sie sich verliebt – zwar erst nach drei Monaten, aber schliesslich doch so, dass sie ungeduldig auf Vogels Rückkehr wartete.

Im folgenden Jahr kommt Karl-Heinz Vogel wieder, noch immer im Rollstuhl, aber er sagt: „Ich werde dich heiraten, sobald ich wieder gehen kann. Und deine Eltern, die holen wir nach. Auch für deine Schwester werde ich was finden." Sue glaubt ihm, sie arbeitet nicht mehr als Köchin für ihn. Im Oktober 1983 gehen sie nach Deutschland. Sue weicht nicht mehr von seiner Seite.

Demnächst läuft Sues Aufenthaltsgenehmigung ab. Dann wird es drei Möglichkeiten für sie geben: Entweder sie heiratet oder sie kehrt auf die Philippinen zurück oder sie geht in die Illegalität.

Sue hat ihr Rückflugticket sicher verwahrt, auch ihr Pass liegt im Schrank. Sie ist jetzt 18 Jahre alt, aber sie wirkt wie 14. Arbeiten kann sie nicht; sie spricht kein Deutsch, und ausserdem braucht Karl-Heinz sie: „I cannot leave him alone, he is helpless without me." Karl-Heinz Vogel hat keinen Pfleger mehr, er hat ja Sue. Sie gehen zusammen einkaufen, und er bezahlt. Aber Sue braucht Geld, um es nach Hause schicken zu können; sie braucht Arbeit. „I cannot leave him."

Natürlich ist das gemeinsame Leben nicht einfach. Er ist misstrauisch und eifersüchtig, kann aber nichts tun, wenn sie ausgehen will. Sie kommt immer zu spät nach Hause. „Ich erzähle ihm dann eine Geschichte, die er verstehen kann." Sue ist sehr erfahren für ihr Alter. Und sie lernt ja jetzt erst langsam kennen, was es bedeutet, in Deutschland zu sein.

Karl-Heinz Vogel ist inzwischen häufiger unglücklich als früher. Seine Krankheit lässt nicht zu, dass er Sue alles geben kann, was er möchte. Er ist unzufrieden. „Ich werde sie heiraten, komme was da wolle."

„Ich werde ihn heiraten", sagt Sue ebenfalls. „Ich werde ihn heiraten, weil ich ihn immer noch liebe, und", fügt sie leise hinzu, „weil ich keine andere Wahl habe."

Vierter Fall:
„Ich habe keine Tränen mehr."

Vor sechs Tagen hat Mary ihren Mann verlassen. Endgültig. Es war ihr sechster oder siebter Versuch, den Schrecken zu beenden — einschliesslich der Male, als sie versuchte, sich vom Balkon zu stürzen. Oder Schlaftabletten nahm. Einmal kam ein Nachbar gerade rechtzeitig, als sie versuchte, sich an einem Deckenhaken zu erhängen. Er musste die Tür aufbrechen, weil es keinen Schlüssel zur Wohnung gab.

Mary sagt, sie sei 24 Jahre alt. Sie war 16, als sie Eugen Basler in Kenia kennenlernte. Basler, Jahrgang 1940, hatte im Frühjahr 1979 seinen Urlaub in Ostafrika verbracht, „weil es billiger war als sonstwo mit Sonne". Da er zu jener Zeit Hilfsarbeiter war, hatte er einen Kleinkredit bei der Bank aufgenommen, um die Pauschalreise bezahlen zu können.

Seit der Scheidung von seiner Schweizer Frau vor zehn Jahren lebte Eugen Basler allein. Nun wollte er den Gerüchten nachgehen, die er aus den Zeitungen und Magazinen kannte. Und da hiess es, man bekäme schnell Anschluss bei den schwarzen Mädchen in Kenia. Eugen Basler bekam schnell Anschluss. Zwei Wochen lang wich er seiner neuen Freundin Mary nicht von der Seite. Drei Monate später kam er mit Hilfe eines neuen Kleinkredits zurück nach Kenia: „Ich will dich heiraten", sagte er. Dann hielt er um Marys Hand an, wie es sich gehört. Und wieder drei Monate später fand die Hochzeit statt. Die Urkunde vom Standesamt in Nakuru und die Bestätigung der Schweizer Botschaft in der kenianischen Hauptstadt Nairobi tragen das Datum vom 12. November 1979.

Zwei Tage später kommen Herr und Frau Basler in Zürich-Kloten an. Auch Mary hat jetzt die Schweizer Staatsbürgerschaft, und niemand wundert sich, dass sie bei der Einreise erst 17 Jahre alt ist. Auf dem Flughafen von Zürich kommen viele schwarze Mädchen aus Ostafrika an, die noch nicht volljährig sind. Eugen Basler hat eine kleine Wohnung an der Dienerstrasse in Zürichs Bahnhofsviertel Aussersihl, ganz in der Nähe der berüchtigten Langstrasse.

„Ich hatte keine Ahnung von der Liebe", sagt Mary. „Ich war sechzehn, und um heiraten zu können, sagte ich, dass ich schon siebzehn sei." Eugen Basler hatte ihr von der Schweiz erzählt, von Europa. „Alle schwärmten, wie toll Europa sei, alle Mädchen, die ich kannte, wollten nach Europa. Und da kommt so einer und sagt, ich solle ihn heiraten und mit nach Europa gehen! Ich war völlig ausser mir!" Mary lacht bitter. „Eines Tages werde ich nach Kenia zurückgehen und ihnen von Europa erzählen. Ich weiss jetzt, was Europa ist. Ich werde ihnen die wahre Geschichte von Europa erzählen."

Die Dienerstrasse ist eine laute Strasse, vor allem nachts. Eugen Basler macht zu jener Zeit Nachtdienst. „Ich musste tagsüber schlafen mit ihm", berichtet Mary. „Und nachts lag ich wach im Bett oder stand auf, ohne zu wissen, was ich tun sollte. Draussen war es laut, der Betrieb mit Prostituierten, mit Nachtclubs, mit Massagesalons – so etwas hatte ich noch nie erlebt. Und da sass ich nun zuhause, während er arbeitete. Und morgens kam er dann und wollte mit mir schlafen, und ich durfte nicht aufstehen, nicht ausgehen, nicht einkaufen. Er kaufte ein, am Samstag, wenn er frei hatte. Aber ich war doch erst sechzehn!"

Nach vier Wochen nimmt Eugen Basler Mary mit auf einen Bummel durch die Stadt. Es ist das erste Mal, dass sie in Begleitung ihres Mannes auf die Strasse darf. Abends gegen elf gehen sie los, und Eugen Basler zeigt seiner Frau das Zürcher

Nachtleben: Strassenprostitution, Massagesalons in hässlichen Mietshäusern, Bars mit „topless"-Bedienung. Mary ist entsetzt, verängstigt, will nach Hause. „Was willst du denn eigentlich?" fragt Eugen Basler seine vor Enttäuschung weinende Frau, als sie endlich wieder zu Hause sind. Und er reisst ihr die Kleider vom Leib, will sich auf sie werfen. Aber sie wehrt sich, versucht ihn loszuwerden. „Er kämpfte mit mir, als sei ich ein Mann. Er schlug mich und trat nach mir, und mein Gesicht sah aus wie ein Gespenst. Ich werde das nie vergessen." Während Mary das sagt, lacht sie immer wieder laut auf, starrt ins Leere, schneidet Grimassen.

Sie kann die furchtbaren Erlebnisse nicht mehr ernsthaft erzählen. „Du verstehst das nicht, warum ich lache. Aber ich will nicht mehr weinen. Ich habe so viel geweint, ich habe immer geweint, jeden Tag, jede Nacht. Ich habe keine Tränen mehr." Dann fügt sie hinzu: „Ich will auch nicht, dass meine Tränen dir wehtun, oder dass du meine Geschichten nur glaubst, weil ich weine. Deshalb lache ich. Aber ich sage die Wahrheit, jedes Wort, das ich sage, ist wahr."

Mary spricht Englisch. Manche Begriffe kennt sie aber erst, seit sie in der Schweiz lebt. Die sagt sie dann auf Deutsch: „He used to call me Sauhund und dreckiges Arschloch. And that I am dumm and have no Beruf. But that is because I am dreckig and because I am a Neger."

Wenn Eugen Basler die Wohnung verlässt, um zur Arbeit zu gehen, schliesst er alle Türen ab. Manchmal versteckt er die Schlüssel für einige Tage, manchmal „vergisst" er, Lebensmittel zu kaufen. Einmal, als Mary schon drei Tage nichts zu essen bekommen hat, macht er sich einen Eintopf und isst die Schüssel leer, während Mary zusehen muss. „Der Geruch der Suppe war in meiner Nase", berichtet Mary, „und mein Kopf platzte beinahe, meine Seele zersprang." Nach dem Essen wirft sich Basler auf seine Frau, rülpst heftig und vergewaltigt sie.

„Als er fertig war, wischte er seinen Schwanz ab, lachte und meinte: Kleine Mädchen müssen eben nett sein zu älteren Herren." Eugen Basler ist inzwischen 43 Jahre alt. Mary ist seit mehr als fünf Jahren in der Schweiz, hat aber noch keinen Menschen kennengelernt. Sie hat keine Freundinnen. Weil sie sich wehrt, wenn er gewaltsam mit ihr schlafen will, nennt er sie lesbisch. „And that I am a Nutte and I am a Scheisse." Mary versucht zum zweiten Mal, sich umzubringen.

„Aber ich habe die Bibel gelesen, und da heisst es, dass der Mensch kein Recht hat, das Leben zu beenden, das er von Gott hat. Dass nur Gott das Recht hat zu töten. Und ich glaube an Gott. Zuhause in Kenia bin ich jeden Sonntag in die Kirche gegangen. Hier in der Schweiz durfte ich ja das Haus nicht mehr verlassen. Aber ich habe mich hingekniet, zuhause, in unserer Wohnung, wenn er nicht da war. Und ich habe zu Gott gebetet, dass er mich töten soll, dass Gott mich töten soll, wenn ich es schon nicht selbst tun darf. Gott hat mich nicht getötet, aber Gott hat mir geholfen, von diesem Mann wegzukommen."

Eugen Basler ist sich seiner Frau inzwischen sehr sicher. Er lässt sie eine Hilfsarbeit annehmen und einen Nähkurs besuchen, nicht ohne ihr immer wieder zu sagen, dass sie zu nichts tauge, dass sie keinen Beruf erlernen werde, dass sie nichts sei ohne ihn. „In der Schweiz bist du ein Dreck, du bist niemand!" sagt er immer wieder, und Mary bemüht sich, nie zu spät nach Hause zu kommen, damit er sie nicht verdächtigen kann, Kontakt zu anderen Frauen zu haben. Ihr Wunsch nach einer selbständigen Tätigkeit wird stärker, und sie sinnt darüber nach, wie sie eine Berufsausbildung bekommen, wie sie Geld verdienen könnte – unabhängig von ihm.

Mit der Zeit lässt er sie auch einkaufen gehen. Er gibt ihr 100 Franken in der Woche, und am Sonntag wird abgerechnet. Natürlich hat sie nichts übrig, sie hat immer zu wenig. Und wenn die Abrechnungen nicht stimmen, reisst er ihr die Kleider vom Leib und schlägt sie und vergewaltigt sie. „Du bist mein Baby, du bist mein kleines Baby", stöhnt er dabei, „du bist nichts ohne mich, du bist ein Dreck. Ich kann alles mit dir machen, was ich will, alles, alles. Wenn ich will, kann ich dich als Toilettenpapier benutzen, ich kann mir mit dir den Arsch abwischen und dich das Klo runterspülen. Wenn ich nur will. Ich muss nur wollen." Als Mary das erzählt, lacht sie zwischendurch hysterisch auf, schneidet Gesichter, dann entgleist das Lachen, und ihr Gesicht wird zur Grimasse. „Ich glaube, es gibt keine Frau in der Schweiz, in ganz Europa, die so viel geweint hat wie ich."

Mary mag ihren Job, denn am Arbeitsplatz lernt sie Deutsch. Immer wieder bittet sie die Kolleginnen und Kollegen, nicht nur zu lachen, wenn sie das falsche Wort benutzt oder die falsche Redewendung, sondern sie auch zu verbessern. „Ich werde dann ganz ernst und sage, he, sag mir das richtige Wort, ich will es lernen. Und so lerne ich Deutsch."

Eugen Basler sieht das gar nicht gern. „Du bist dumm, und du bist schwarz, und du bist aus dem dreckigen Afrika. Was willst du lernen? Was willst du Geld verdienen? Wofür willst du mehr wissen als das bisschen Scheisse, das du weisst?" Als Mary immer aufsässiger wird und beginnt, ihm damit zu drohen, dass sie alles eines Tages auf der Polizei erzählen wird, prügelt er sie windelweich. Mary droht mit mehr: „Ich werde dich verlassen, und ich werde nie mehr wiederkommen." Eugen Basler schlägt sie zusammen, reisst ihr die Kleider vom Leib und vergewaltigt sie. „Ich werde dich in kleine Stücke zerschneiden, wenn du das tust, ich werde dich stückweise in Plastiktüten packen und einzeln im Gefrierschrank lagern, und niemand wird wissen, wo Mary ist, was mit Mary geschehen ist. Und Mary wird in meinem Gefrierschrank liegen, in kleinen Stückchen, einzeln in Plastiktüten verpackt."

Mary flieht am Montag, den 27. Februar 1984, aus der gemeinsamen Wohnung und findet einen Platz im Frauenhaus. Drei Tage später hat Eugen Basler seine Frau aufgespürt, per Telefon. Er droht, sie umzubringen. Ein paar Mädchen aus dem Frauenhaus helfen Mary, sich in einer anderen Wohnung zu verstecken. Mary sucht einen Anwalt. Sie will sich scheiden lassen. „Ich bin eine Frau, kein Baby. Ich werde für mein Leben kämpfen. Und ich habe ein Recht darauf. Ich bin kein Baby, und ich bin kein Toilettenpapier, mit dem sich ein Mann seinen Arsch abwischen kann. Ich bin eine Frau. Und ich will leben."

Die Aussichtslosigkeit der hier beschriebenen Beziehungen scheint nur zufällig. Die gegenseitigen Erwartungen, seien sie nun materiell oder emotional, sind nicht auf einen Nenner zu bringen. Die kulturellen Verschiedenheiten spielen nur eine untergeordnete Rolle.

Natürlich haben für beide Beteiligte rassische Unterschiede vordergründig eine besondere Bedeutung. Schwarze oder weisse Haut sind aber, wenn man genauer hinsieht, nur Indikatoren für gesellschaftliche Rollen und für wirtschaftliche Macht. Wenn sich herausstellt, dass der bewunderte Weisse (mit seinen scheinbar unbegrenzten finanziellen Möglichkeiten) nur ein kleiner Angestellter ist (dessen wirtschaftliche

Möglichkeiten tatsächlich arg begrenzt sind), bricht das System zusammen.

Natürlich ist auch der kulturelle Hintergrund bedeutsam, vor dem emotional verkrüppelte Männer aus Europa die Erfahrung machen, dass auch sie Beziehungen haben können, dass es auch für sie Mitmenschlichkeit, Rücksichtnahme, Wärme gibt. Wer aber dann erfährt, wie sehr das Gelingen solcher Beziehungen davon abhängt, ob sie in unseren westlichen Gesellschaften willkommen sind oder nicht, wird möglicherweise überfordert.

Die beschriebenen Fälle enden aussichtslos, weil die Erwartungen der Beteiligten gesellschaftlichen Bedingungen entsprechen, die individuell nicht zu verändern sind. Die wirtschaftliche und politische Abhängigkeit der sogenannten Dritten Welt beispielsweise wird nicht dadurch überwunden, dass man aus der Dritten Welt „aussteigt" − sie wird zementiert. Andererseits entkommt man den Zwängen der Industriegesellschaft nicht, indem man der Beziehungslosigkeit und Isolation, den Leistungsnormen und der Kommerzialisierung die scheinbar paradiesischen Bedingungen der Dritten Welt überstülpt − die Zwänge brechen, wie unter Treibhausfenstern, umso gewaltiger hervor.

Der Anzeigenmarkt:
„Hübsche, heiratswillige Philippininnen zu vermitteln!"

Schon die Formulierungen sind verräterisch: Menschen zu vermitteln, als seien Äpfel zu verkaufen. Angebote, als handle es sich um Ware. Die Kommerzialisierung des „Beziehungsmarktes" entspricht in jeder Weise dem kapitalistischen Grundmuster von Angebot und Nachfrage und jener „freien Marktwirtschaft", die auch für Menschen einen Preis nennen kann.

„Bildhübsche Asiatinnen möchten deutsche Herren kennenlernen. Kostenlose Farbauswahl." Die Muster sind immer gleich. „Junge, bildhübsche Asiatinnen, schlank, anschmiegsam und treu, suchen aufrichtige Partner." Die Spannweite reicht vom Massenangebot − „7'000 bildhübsche asiatische Mädchen suchen einen Partner bis 65" − über die individuelle Anzeige − „Negerin, 33/163, gut aussehend, mit Geist und Charme, hilfsbedürftig, sucht gutsituierten Mann mit Format, der sie von ihren Sorgen befreit" − bis zur Kleinstannonce: „Philippininnen!" Und dann folgt nur noch eine Telefonnummer.

Mehr als 300 Anzeigen dieser Art werden monatlich in der Bundesrepublik Deutschland veröffentlicht. Allerdings lassen sich nur etwas mehr als 100 Agenturen festmachen, die hinter diesen Anzeigen stehen. Und bei genauerer Betrachtung bleiben rund 60 echte „Händler" übrig − auch wenn allenthalben von „mehr als 200 Instituten und Agenturen" zu lesen ist. Der Rest: Doppelgänger, Tarnnummern, Postfachadressen, Subagenten, die sich meist wieder auf denselben Händler zurückführen lassen. Und viele Private, sehr oft Ehemänner von Asiatinnen, die Familienmitglieder ihrer Frau vermitteln wollen.

Das Geschäft blüht. Immer wieder tauchen neue Telefonnummern, neue Fantasienamen auf, verschwinden Namen und Anschriften, sind Telefonanschlüsse nicht mehr besetzt. Alle wollen sich entweder ein Stück vom Kuchen abschneiden oder zumindest eine Provision verdienen. Im „Bremer Anzeiger" stand Mitte 1983 folgende Anzeige: „Wir brauchen Sie! Herren mit dem Mut zur Selbständigkeit für Vermittlung heiratswilliger Damen aus Asien. Sehr gute Verdienstmöglichkeiten." Sechs Monate später existierten weder die Verdienstmöglichkeiten noch die Telefonnummer. Die Firma „Hansa", die sich zunächst meldete, war in Bremen nie eingetragen worden; der Herr „Krüger", der die Vermittlung leitete, war nicht mehr auffindbar.

Einige grosse Agenturen haben dennoch überlebt. Es sind im Zweifelsfall die ehrenwerten. Oder die dickfelligen. Zu den letzteren gehören sicher auch die drei, denen die „Rote Zora", eine Frauengruppe aus der Autonomenszene, bereits Besuche abgestattet hat: mit Bomben und Buttersäure. Beim Überfall auf Detlef Kutz in Hamburg, der sich beim Gewerbeamt als „Vermittler von Anschriften für Brieffreundschaften, Ehevermittler, Reisebüro sowie Propagandist in Warenhäusern" eintragen liess, nannte sich die Gruppe gar „Rasende Zora" — was Herrn Kutz nicht hindert, weiterhin „2'000 Adressen mit Photos und Lebensläufen von Asiatinnen" bereitzuhalten und unter der Hand anzubieten.

Auch Heinz-Jürgen Kirschner bekam eine Bombe in sein Kölner Büro gelegt, obwohl er dort offiziell nur als „Veranstalter von Reisen" und als „Vermittler von Reisen" eingetragen ist. Allerdings, wie es im Gewerberegister auch heisst, ist er ebenfalls zuständig für die „Vornahme aller damit mittelbar und unmittelbar verbundenen Handelsgeschäfte". Und darauf hat der Überfall der „Roten Zora" am „Tag der Frau", dem 8. März 1983, abgezielt.

Der dritte im Bunde: Günter Menger, der dickfelligste unter den Dickfelligen, der bereits im September 1979 auf Tarnung verzichtete und sein Unternehmen unter dem Namen IMTA („Individual Marriage Travel Agency") eintragen liess. Der publicitysüchtige Agent, der sich mit den Medien offenbar gut auskennt, nutzt die in- und ausländische Presse, die immer wieder empört über den Sexmarkt berichtet, geschickt zur Selbstdarstellung und Werbung − ob im ZDF oder in „Konkret", ob in der „Bunten" oder im „Nouvel Observateur".

Bei Menger geht es, eindeutig, um die Vermittlung von Reisen, die zum Zweck der Eheschliessung veranstaltet werden − aber auch andere Formen der persönlichen Kontaktaufnahme nicht ausschliessen. Dass auch ein Spezialitätenrestaurant unter seinem Namen eingetragen ist, und er seit kurzem im „Verkauf von Möbeln, Kunstgewerbe, Teppichen, Schmuck, Antiquitäten" tätig ist, zeigt, dass Menger etwas von Diversifizierung und Unternehmenssicherung versteht.

Günter Menger, der im Hessischen residiert und bundesweit arbeitet, hat zwei scharfe Konkurrenten − Herren, mit denen ihn einst geschäftliche, wenn nicht gar freundschaftliche Beziehungen verbanden. Gerd Schweikhard von der GOMPA („German Overseas Marriage and Partnership Arrangements"), ebenfalls im Hessischen tätig, liegt mit Menger in Fehde. Dabei verbindet ihn zumindest etwas Privates mit Menger: Schweikhards asiatische Ehefrau wurde durch Mengers IMTA vermittelt.

◈IMTA

Vermittlungs-Preise

mit der IMTA - Vollgarantie bis zur "Heirat"!

Weg I
Heirat im Heimatland der Braut.

25 %

Leistungen die im Vollserviceweg enthalten sind:
Linienflugscheine für den Kunden »Hin- u. Rückflug. Flugschein für die ¬¬efrau des Kunden.«
Vermittlungsarbeit. Übersetzungen der Korrespondenz, der Unterlagen und Dokumente. Beschaffung der Ein- bzw. Ausreisepapiere und die Korrespondenz mit den Botschaften. Betreuung bis zu Standesamt. Vertragserfüllung ist die standesamtliche Heirat.

DM 12.860.--

Weg II
Heirat in Deutschland oder einem anderen Land Europas.
Blitz-Heirat, nur in Dänemark möglich!

25 %

ℓ Heirat in Tonder (Dänemark) wird hier voll anerkannt!
Im Vermittlungspreis ist enthalten:
Linienflugscheine für die einreisende Braut. Der aus Sicherheitsgründen mitgebuchte Rückflugschein ist Eigentum von IMTA und muß nach der Eheschließung an IMTA zurückgegeben werden.
Enthalten sind sämtliche Formalitäten bis zum Standesamt.
Vollservicepreis DM ~~9.880.--~~ *7000,*

Weg III
Teil-Service-Weg, Heirat nach freier Wahl.

Vermittlung wie Weg II, jedoch ohne Flugkosten. Beschaffung aller Papiere bis einschließlich Standesamt.
Preis DM 4.980.--

28 %

Persönliches „Sonderangebot" Günter Mengers.

VERMITTLUNGSBEDINGUNGEN

ALLGEMEINES

Jeder Kunde hat Anspruch auf eine ausreichende Auswahl an heiratswilligen Damen. Die Auswahl erfolgt in Zusammenarbeit mit IMTA. In der Regel reichen vier Vorschläge aus, wobei zunächst die Dame angeschrieben wird, die dem Kunden am besten zugesagt hat. Kommt eine Verbindung mit dieser Dame nicht zustande, so wird die nächste der ausgesuchten Damen angeschrieben - und zwar so lange, bis eine der ausgewählten Damen mit einer Vermittlung einverstanden ist. Es werden grundsätzlich nur Damen angeschrieben, die unser Kunde voeher in die engere Wahl einbezogen hat.

Sollte keine der vier "Hauptvorschläge" mit unserem Kunden Kontakt aufnehmen wollen, so werden weitere Vorschläge unterbreitet, bis eine Zusage erfolgt ist! Danach beginnt die Vertiefung der Beziehung, bis sich beide Partner einig sind, die Ehe miteinander einzugehen. Sodann beginnt IMTA mit den gezielten Vorbereitungen zur Eheschließung. Die Vermittlungstätigkeit ist bei IMTA an kein zeitliches Limit gebunden, sondern endet erst bei VOLLEM ERFOLG! Erfolg aber heißt bei IMTA in jedem Falle "Heirat"!

HAFTUNG & RÜCKTRITT

IMTA haftet nicht für Leistungsstörungen der Fluggesellschaften oder anderer Transportträger oder für Schäden aus mangelndem Versicherungsschutz. Wir haften bei unserem Verschulden nur bis zu dem Betrag, den der Kunde bereits bezahlt hat. Weitergehende Ansprüche können an IMTA nicht gestellt werden. Die Hinweise und Buchungsdaten auf den Flugscheinen sind unbedingt zu beachten!

IMTA kann von diesem Vertrag nur zurücktreten, wenn der Kunde in seiner Selbstauskunft unwahre Angaben gemacht hat oder die Garantiebestimmungen verletzt. Die Parteien vereinbaren, daß bei vorzeitiger Vertragsauflösung IMTA für alle seine vorherigen Bemühungen aus der Ehevermitlung und dem Reisevertrag einen Aufwendungsersatzanspruch hat.

HÖHERE GEWALT

Höhere Gewalt sind Kriege, Streiks, politische Unruhen, Naturkatastrophen oder andere Ereignisse, die eine Vermittlung unseres Kunden mit der bereits ausgesuchten Partnerin derzeit nicht möglich macht oder verzögert. Sollte ein solcher Fall eintreten, so hat IMTA das Recht, ersatzweise auch Damen aus anderen Ländern dieser Region vorzustellen, um seinen Vertrag gegenüber dem Kunden einhalten zu können.

ZAHLUNGSBEDINGUNGEN & SONDERKOSTEN

Die Vermittlungspreise sind Kombinationspreise und richten sich im wesentlichen nach Art und Dauer der Zusammenführung der Partner, wobei die Flugpreise für die einreisende Braut oder die Hochzeitsreise des männlichen Partners ins Heimatland der Braut, die Kosten bestimmen. IMTA hat zwei Grundvermittlungswege: Weg I » Hochzeitsreise ins Heimatland der Braut, mit dortiger Eheschließung und Rückreise als Brautpaar«.

Weg II »Einreise der Braut mit Eheschließung in Deutschland«.

Weg III »Sondervermittlungsweg/Teil-Service-Weg, nur für Kunden mit perfekten englischen Sprachkenntnissen«. Dieser Weg beinhaltet KEINE Aus- bzw. Einreisepapiere oder andere Dokumente!

Für Weg I und II beträgt die Anzahlung 25% des Servicepreises. Bei Vermittlungsweg III ist der volle Servicepreis nach Vertragsabschluß sofort fällig, da der Kunde bei diesem Vermittlungsweg die Unterlagen und Anschrift der ausgesuchten Partnerin sofort erhält.

Sonderkosten, die vom Kunden getragen werden müssen, sind: R-Gespräche seiner Braut, Telegramme, Porto für Päckchen, Luftpost, Einschreibe- und Eilbotensendungen, Sondersteuern, Flughafengebühren, Ein- bzw. Ausreisegebühren, Stempel- und Paßgebühren, Gebühren bei der Botschaft für Visabeschaffung usw., sofern diese Nebenkosten nicht mit einer Pauschalsumme vereinbart wurden.

GARANTIE & VERTRAGSERFÜLLUNG

Volle Vermittlungsgarantie bis zur Heirat! Dieser Vertrag ist für IMTA erst erfüllt, wenn beide Partner die Ehe vor einem ordentlichen Standesamt miteinander geschlossen haben. Ist eine Vermittlung durch IMTA nicht möglich, so erhält der Kunde sein Geld zurück!

Der zweite Konkurrent, der ehemalige Kollege Schweikhards, ist Karl-Heinz Maske. Er lässt sich in seinem „Institut
Felicitas" (lateinisch, „Glück") inzwischen von seiner Ehefrau Renate Christiansen vertreten. Auch er bzw. sie arbeitet
im Hessischen — mit fast gleichlautenden Kleinanzeigen:
„Hübsche Asiatinnen suchen seriöse Ehepartner." Und mit
fast gleichlautenden Vermittlungsbedingungen: „Die jungen
Damen aus Malaysia, Singapur und den Philippinen, die ich
Ihnen an Hand von Fotos und persönlichen Angaben in
meinem Büro vorstelle, haben mich nachweislich ange-
schrieben, mit dem aufrichtigen Wunsch, einen deutschen
Lebenspartner kennenzulernen." Es fragt sich nur, wie die
Damen zu seiner Adresse gekommen sind.

Interessanter als die in allen Medien vertretenen Propagandi-
sten sind jene Agenturen, die unter den verschiedensten
Postfachnummern, Telefonnummern und Agenturnamen
operieren. Da ist zum Beispiel ein gewisser Gerd-Robert
Hauser, der mit seinem „Institut GEHA" unter mindestens
drei verschiedenen Postfachadressen arbeitet, noch dazu in
einem Gebiet von wenigen Quadratkilometern: in Passau,
Straubing und Cham (Oberpfalz). Seine Mitarbeiterin Wal-
traud Kalafuss in Passau führt zu allem Überfluss in ihrem
Briefkopf noch eine weitere Postfachanschrift.

Der Meister der Telefonnummern-Verschleierung muss in
Bremerhaven sitzen: das Institut „Roland-Kontakt". Mindestens vier verschiedene Telefonnummern tauchen in verschiedenen Kleinanzeigen im norddeutschen Raum auf; immer wieder sind andere Zeiten angegeben, zu denen die Vermittlung tätig sein möchte: „16 bis 19 Uhr"; „9 bis 20 Uhr";
„werktags 18 bis 20 Uhr, samstags 10 bis 18 Uhr"; „Montag
und Dienstag 9 bis 15 Uhr, sonst 15 bis 20 Uhr". Da scheinen
ein paar geschäftüchtige Leute ein kleines Zubrot neben

der normalen Arbeit verdienen zu wollen.

Ganz professionell geht dagegen Claudia Püschel-Knies vor, die unter diesem Namen am 1. Oktober 1982 eine GmbH gründete „zur Förderung partnerschaftlicher Beziehungen mit allen dazugehörigen Tätigkeiten". Eingetragene Besitzerin ist Claudia Bauer. Die geschäftstüchtige Claudia hat Telefonnummern in Frankfurt, Wiesbaden, Mainz, Mannheim, Saarbrücken, Karlsruhe, Bensheim, Freiburg und Hannover. Ab und zu benutzt sie auch ihre private Telefonnummer in Worms.

Professionalismus scheint allerdings keine Garantie für Erfolg zu sein: Einer der Pioniere des Sexgeschäftes mit Asiatinnen, der „German Filipina Contact Club" des Herrn Karl-Heinz Kretschmer in Elsenfeld hat am 30. Dezember 1983 die Karteikästen geschlossen. Das hindert andere − Privatinserenten, die mal eben nebenbei das grosse Geld machen wollen −, nicht daran, auf eben jenen Herrn Kretschmer zu verweisen, wenn das eigene Karteikasten-Angebot zu dünn ausfällt.

Das Auflösen und Neugründen, das Weitervermitteln und Untereinander-Heiraten scheint allerdings mit zum Gehabe der Sex- und Frauenvermittler zu gehören. Da wechseln Firmen den Namen von einem Tag auf den andern − wie zum Beispiel bei der Neugründung des Instituts „Mabuhay", das sich nicht einmal die Mühe machte, neue Werbeschriften herzustellen: an die Stelle des bisherigen Agenturnamens wurde einfach „Mabuhay" gesetzt, das reicht. Da weiss auch schon mal der Besitzer nicht, ob sein Gewerbe gemeldet ist oder nicht − wie der von der „Rasenden Zora" geplagte Herr Kutz, der im Januar 1984 behauptete, er habe seine Firma aufgelöst und abgemeldet; das Gewerbeamt Hamburg bestätigte aber einen Monat später auf Anfrage seine unverminderte Tätigkeit.

Daraus lässt sich nun aber nicht schliessen, dass alle Vermittler von Reisen und Ehefrauen auch gemeldet sind: Das „Institut Partnerschaft" zum Beispiel, das immerhin „7'000 asiatische Mädchen" in Kleinanzeigen in allen norddeutschen Tageszeitungen anbietet und ausserdem in der Zeitschrift „Bulletin Today", die in der philippinischen Hauptstadt Manila herausgegeben wird, inseriert, ist unter diesem Namen nicht registriert. Dasselbe gilt für die Firma „Partnerglück", die sich auf die attraktiv werdende Kombination von asiatischen und polnischen Frauen spezialisiert hat.

Mindestens die Hälfte aller Agenturen benutzen schamhaft Abkürzungen und wechselnde Fantasienamen wie „I.M.A.", „I.M.P.", „C.P.A.", „R.M.P." „Jasmin", „Le Jardin", oder sie nennen sich ganz einfach „Vermittlung". So kann man „hübsche Philippinas" unter der Telefonnummer 040-252532 erreichen — mal angeboten von „I.P.V.", mal von „L.W.Z."

Hinter der Firma „H.M.P." (früher „R.M.P.") beispielsweise, die in Köln und Troisdorf operiert, verbirgt sich eine Frau Judith Breuer; ihr Gewerbe ist nicht gemeldet. Die merkwürdige Partneragentur „C.P.A.", die zunächst in Düsseldorf, dann in Frankfurt Ehepartner für Filipinas suchte, ist weder in der einen noch in der anderen Stadt registriert. Das „Eheinstitut Daniela", das sich auf die „deutsch-koreanische Freundschaft" spezialisiert hat und beispielsweise eine „Song Sa" per Kleinanzeige anpries, konnte laut Stadt- und Polizeiamt in Haltern/Westfalen nicht ermittelt werden. Die Agentur „I.M.A." („Heiratsgarantie! Südamerikanerinnen!"), die eine Postfachadresse und eine Telefonnummer („ab 17.00 Uhr") in Lindau am Bodensee angibt, ist beim Gewerbeamt unbekannt. Unnötig zu sagen, dass Briefe an „Le Jardin" ungeöffnet zurückkommen, oder dass das Institut „Jasmin", das immerhin die hübsche „Samantha aus der Karibik" anbietet, gar nicht erst beim Gewerbeamt Hannover eingetragen wurde.

Aber auch das kann passieren: Dass man beispielsweise an die Firma „Elzenbeck, Kellerstrasse 7, 8602 Altendorf bei Bamberg" schreibt, weil man sich für die „vielen katholischen, ledigen Philippininnen von 18 bis 34 Jahren" interessiert, dann aber Antwort bekommt von einem gewissen „G. Jürgensmeyer, Siechenstr. 5, 8606 Hirschaid", der auch gleich die Auswahl entscheidend erweitert: „Wir haben dafür ein umfangreiches Angebot an original Photos von Damen zwischen 17 und 34 Jahren." Oder man schreibt an eine Postfachadresse in Berlin („Postfach 510314") und bekommt – je nachdem – Antwort von Anton Kaiser oder („Postfach 311503") von Dieter Zimmermann, die nicht nur gleichlautende Unterlagen benutzen, sondern auch gleich auf demselben Textautomaten schreiben lassen. Offizielle Bezeichnung des Unternehmens, trotz der jeweils beigefügten Farbfotos von jungen Damen aus Asien: „Textverarbeitung, Übersetzung, Schreibservice". Das „Unternehmen" ist beim Gewerbeamt nicht gemeldet.

Es könnte eine Frage der Diskretion sein, dass die meisten Agenturen lieber Hausbesuche machen, als sich im Büro in die Kartei schauen zu lassen. Bei einem Kölner Institut beispielsweise meldet sich eine Ausländerin und bietet ein Treffen „bei Sie zuhaus" an. Beim „Institut Partnerschaft in Oldenburg", das in Wirklichkeit in Kerchhatten beheimatet ist, heisst es ebenfalls: „Wir kommen vorbei!" Und die „hübschen Asiatinnen", die „deutsche Partner bis 65 Jahre" suchen, lassen unter der Telefonnummer 04435-3257 ausrichten: „Mein Mann macht nur Hausbesuche, da bringt er die Bilder gleich mit." Wer schliesslich die Telefonnummer 030-

4924099 wählt, weil ihm die Kleinanzeige mit nur einem Wort („Philippininnen!") aufgefallen ist, muss damit rechnen, abgewiesen zu werden: „Das können Sie sich doch wahrscheinlich gar nicht leisten: Unsere Frauen kosten 12'500 Mark. Und Prospekte gibt's keine. Meine Adresse brauchen Sie nicht, ich komme vorbei."

In letzter Zeit häufen sich darüberhinaus solche Chiffre-Anzeigen, die erkennbar nicht von Profis oder Profiteuren aufgegeben sind, sondern von aufrechten deutschen Ehemännern, denen die Heirat mit einer Ausländerin unter anderem die Verpflichtung auferlegt hat, etwas für die Familie der Ehefrau zu tun: „Ich suche für meine Schwägerin gutherzigen, humorvollen und romantischen Mann." Wer auf eine solche, privat aufgegebene Chiffre-Anzeige schreibt, kann auch mal eine ganz merkwürdige Antwort bekommen wie diese: „Leider muss ich Ihnen absagen, habe mich anders entschieden. Aber ich habe noch eine Freundin auf den Phi-

9. März 1984

Lieber Herr ⬛,

Ich danke Ihnen herzlich für Ihren freundlichen Brief. Aber ich möchte ehrlich sagen, daß ich z. Zt. weder deutsch schreiben, noch reden kann. Ich bin erst kurze Zeit hier in Bremen und so schnell ist wirklich deutsche Sprache nicht zu lernen, aber ich werde mich bemühen, diese schnellstens zu erlernen. Diesen Brief habe ich daher in englisch vorgeschrieben und mein Schwager hat diesen wahrheitsgemäß übersetzt. Die Amtssprache in meiner Heimat ist Tagalog und Englisch. Ich selbst bin jedoch, wie gesagt, daran interessiert so schnell wie möglich deutsch sprechen zu können, damit ich mich ausdrücken und unterhalten kann. Vielleicht können Sie mir dabei helfen?

Gut, nun einiges über mich, mein Name ist Lolly ▆▆▆▆, ledig, Philippinin (wir sagen Filipina). Ich habe schwarzes Haar (z. Zt. mittellang) und bin letzten Monat (Januar) 21 Jahre alt geworden. In meinem Heimatort Davao, habe ich Pädagogik studiert (Lehrerin), jedoch nicht vollständig abgeschlossen.

Um ehrlich zu sein, Ihr Brief gefiel mir so gut, daß ich gerne Ihre Bekanntschaft machen möchte. Ich glaube jedoch, es ist besser, daß wir uns persönlich kennenlernen, um eine Vorstellung voneinander zu haben. Wenn es möglich ist, können Sie mich ja vielleicht einmal anrufen? Im Moment wohne ich bei meiner Schwester, welche mit meinem Schwager bereits drei Jahre verheiratet ist.

Ich hoffe, daß ich Sie mit meinen Zeilen nicht zu sehr gelangweilt habe und möchte Ihnen letztlich meine herzlichen und besten Wünsche an Sie und Ihre Familie übermitteln.

Ich hoffe sehr, von Ihnen bald zu hören.

Ihre Lolly ▆▆▆▆
Familie ▆▆▆▆

Telefon: ▆▆▆ (0421)

▆▆▆▆▆▆▆
2800 BREMEN 1

P.S.
Please send me a picture of yourself.

lippinen, die auch gerne einen deutschen Mann heiraten möchte (siehe Bild). Sollten Sie Interesse haben, so schreiben Sie mir bitte." Beigelegt ist ein „Guten-Morgen-Farbbild".

Oft verbergen sich hinter solchen privaten Annoncen menschliche Schicksale: „Ich bin erst kurze Zeit hier in Bremen und so schnell ist wirklich deutsche Sprache nicht zu lernen. Diesen Brief habe ich daher in englisch vorgeschrieben und mein Schwager hat diesen wahrheitsgemäss übersetzt." Meistens allerdings verschleiern private Vermittler die Tatsache, dass sie keine Agentur führen und trotzdem Profit machen möchten.

Eine solche Vermittlung beginnt mit dieser Kleinanzeige: „Möchten Sie eine nicht emanzipierte Asiatin heiraten? Chiffre ..." Auf das Schreiben („... suche nach grosser Enttäuschung endlich eine treue, liebe Ehefrau ...") kommt die Antwort von einem Herrn Horst H. Braun in Neuss:

„17 Jahre lang war ich auf der Suche nach einer Traumfrau. Ich besuchte Hunderte von Veranstaltungen, wurde Mitglied in zahlreichen Clubs, sprach zahllose Frauen an, sei es auf der Strasse oder in der Firma. Ich verlor Tausende von Mark bei Eheinstituten und inserierte x-mal in den verschiedensten Zeitungen. Was dabei herauskam, waren bestenfalls Bettgeschichten. Das lag aber nicht an mir, sondern an ihr!"

Herr Braun ging den unbequemen Weg: Er schrieb an rund 200 Adressen von asiatischen Frauen, und, wer hätte es gedacht, „bei der 200. Adresse fand ich die Traumfrau". Das neue Leben, das Herr Braun jetzt führt, ist wirklich beneidenswert:

„Nun habe ich wieder ein gesundes, süsses Kind zum Knuddeln, Ländereien und Häuser auf einer grösseren Insel im Ozean (für ein 'Taschengeld' erworben) und kenne durch meine Frau einige Provinzgouverneure, Bürgermeister und

Horst H. Braun   4040 Neuss, 05.03.83

Herr ████████

Sehr geehrter Inserent,

als meine erste Frau an Krebs starb, war sie 37. Ich war 38.
17 Jahre lang habe ich eine neue Frau gesucht. Sie sollte mindestens ebenso hübsch sein wie die erste, aber wesentlich jün-
ger, denn ich wollte noch ein Kind haben. Sie sollte auch wieder häuslich, treu und unkompliziert sein und mich vor allem
den Chef im Hause sein lassen. Und friedfertig sollte sie sein!
Denn ich hasse häufigen häuslichen Streit. Und Tennis sollte
sie auch noch spielen können oder es erlernen.

17 Jahre lang war ich auf der Suche nach dieser "Traumfrau".
Ich besuchte Hunderte von Veranstaltungen, wurde Mitglied in
zahlreichen Clubs, sprach zahllose Frauen an, sei es auf der
Strasse oder in der Firma. Ich verlor Tausende von Mark bei
Eheinstituten und inserierte x-mal in den verschiedensten Zeitungen. Was dabei herauskam, waren bestenfalls Bettgeschichten,
eine Ehe nicht! Das lag aber nicht an mir, sondern an ihr. Warum Frauen vor allem im fortgeschrittenen Alter nicht mehr heiraten wollen, haben Sie sicherlich schon selbst herausgefunden.
17 lange Jahre dachte ich daran, mich aufzuhängen.

Doch dann fiel mir ein ganzer Stapel von Katalogen in die Hand,
in denen Tausende von Asiatinnen abgebildet waren. Ich schrieb
an ca. 200 Adressen in Englisch (kein Problem, denn ich bin
Übersetzer und Dolmetscher von Beruf), um die Spreu vom Weizen
trennen zu können. Bei der 200. Adresse fand ich die "Traumfrau", die die oben genannten und noch viele andere positive
Eigenschaften besass. Ich hätte sogar noch eine viel jüngere
heiraten können.

Nun habe ich wieder ein gesundes, süsses Kind zum Knuddeln,
Ländereien und Häuser auf einer grösseren Insel im Ozean (für
ein "Taschengeld" erworben) und kenne durch meine Frau einige Provinzgouverneure, Bürgermeister und Polizeipräsidenten.
Fliege ich in die Heimat meiner Frau, werde ich dort wie ein
Halbgott respektiert. Und statt der zermürbenden Einsamkeit
habe ich wieder einen riesigen Bekannten- und Verwandtenkreis,
in dem ich jederzeit willkommen bin, wenn ich es nur wünsche.

Sollten auch Sie ähnliche leidvolle Erfahrungen gemacht haben,
mit Heiratsanzeigen etc. nicht weiter kommen, und sollten Sie
wirklich kein Abenteuer suchen, sondern eine Ehe, die so lange
hält, bis der Tod Euch scheidet - dann sollten Sie mich einmal
mal anrufen. Am besten erreicht man mich zwischen 17.45 und
18.30 Uhr. Nicht immer, aber meistens.

Kontaktversuche mit meiner Frau aus Fernost, und sei es auch
nur zu Zwecken der Information, werden Sie nicht allzu weit
bringen. Sie werden ohnehin sehr schnell an mich verwiesen,
eben weil meine Frau in mir den Chef des Hauses sieht.

Rauchen und Alkohol trinken mag sie auch nicht; nicht weil ich
es ihr verboten habe - sie ist in ihrer Heimat so erzogen worden. Also wie gesagt: Sie erreichen mich zwischen 17.45 und
18.30 Uhr. Nicht immer, aber meistens.

Mit freundlichen Grüssen
Horst H. Bra —

79

Polizeipräsidenten. Fliege ich in die Heimat meiner Frau, werde ich dort wie ein Halbgott respektiert."

Der Halbgott stellt anheim, ihn einmal unverbindlich anzurufen — „zwischen 17.45 und 18.30 Uhr" — und erteilt unlauteren Bewerbern gleich eine Abfuhr:

„Kontaktversuche mit meiner Frau aus Fernost, und sei es auch nur zu Zwecken der Information, werden Sie nicht allzu weit bringen. Sie werden ohnehin sehr schnell an mich verwiesen, eben weil meine Frau in mir den Chef des Hauses sieht." Und damit auch das geklärt ist: „Rauchen und Alkohol mag sie auch nicht; nicht weil ich es ihr verboten habe — sie ist in ihrer Heimat so erzogen worden."

War der Brief bis hierher nur fotokopiert, also wohl für eine Vielzahl von Bewerbern gedacht, so folgt nun der handschriftliche Nachsatz: „Eine treue, liebe Ehefrau" — wie von unserem Bewerber gesucht — „finden Sie in Ihrem Alter nur noch in Asien."

Das war im März 1983. Unser Bewerber hatte erst wieder im November Zeit, auf das Angebot des Herrn Braun zurückzukommen, bekam aber nichtsdestotrotz Antwort — im Januar 1984 aus den Philippinen, wo sich Herr Braun zwecks Begutachtung von Filipinas aufhielt:

„Es sind faszinierende Mädchen dabei. Auf jeden Fall registrieren wir nur jene, bei denen Sie keine Enttäuschung böser Art erleben können. Allerdings schicken wir Ihnen niemanden ins Haus. Sie müssen sich schon selbst kennenlernen, und zwar durch Korrespondenz in Englisch." Dabei ist Herr Braun, der „Dolmetscher und Übersetzer" als Beruf angibt, natürlich gern behilflich. Der handschriftliche Brief aus den Philippinen fährt fort:

„Schreiben Sie mir Ihre Wünsche, und Sie bekommen umgehend entsprechende Vorschläge mit allen wichtigen Daten

Horst H. Braun
c/o Patricio Rabante
140 Quezon Avenue
Miputak, Dipolog City
Philippines 7701

13.01.84

Sehr geehrter Herr ████████,
hiermit beziehe ich mich
auf Ihren Brief vom 16.11.
an meine Neusser Adresse.
Meine philippinische Frau
und ich bereisen das gan-
ze Land, um Filipinas zu
"begutachten", die an einer
Heirat mit einem Deutschen
interessiert sind. Es sind
faszinierende Mädchen
dabei. Auf jeden Fall
registrieren wir nur
jene, bei denen Sie
keine Enttäuschung böser
Art erleben können.
Allerdings schicken wir

81

Ihnen *niemanden* ins Haus. Sie müs=
sen sich schon selbst ken=
nenlernen, und zwar durch
Korrespondenz in Englisch.
Schreiben Sie mir Ihre
Wünsche, und Sie bekom=
men umgehend entspre=
chende Vorschläge mit
allen wichtigen Daten u.
Fotos, die alle Ihre Fra=
gen bezüglich des Äusse=
ren beantworten.
Bitte fügen Sie Ihrem
Brief eine einmalige Un=
kostenpauschale von
US$ 200,- bei. (Zwei
100 Dollarscheine, einge=
wickelt in Kohlepapier,
eingeschrieben!)
Ich versichere Ihnen,
niemand kann Ihnen
ein günstigeres Angebot
machen. Mit froh Grüssen
Karl H. Dra-

und Fotos, die alle Ihre Fragen bezüglich des Äusseren beantworten." Tatsächlich alle? Kann schon sein, denn das Serviceangebot ist nicht gerade billig:

„Bitte fügen Sie Ihrem Brief" – den man am besten gleich an die angegebene Adresse in den Philippinen schickt, damit die Wünsche an Ort und Stelle berücksichtigt werden können – „eine einmalige Unkostenpauschale von US-Dollar 200.– bei (zwei 100 Dollarscheine, eingewickelt in Kohlepapier, eingeschrieben!)." Horst H. Braun denkt wirklich an alles.

Dabei muss man ihm attestieren, dass er sich richtig Arbeit macht – auch wenn das einem „Halbgott" mit Beziehungen zu Provinzgouverneuren, Bürgermeistern und Polizeipräsidenten leichter fallen mag als anderen Sterblichen.

Viele Vermittler investieren dagegen nur ein paar Dollar für eine Kleinanzeige in Manila:

Detlef Kutz, der von der „Rasenden Zora" geplagte Vermittler, inserierte im „Bulletin Today": „Germans sincerely wish correspondence, friendship and marriage with Philippine Ladies. Please send your colored whole-body pictures and short biodata in print." („Deutsche wünschen ehrlich Briefwechsel, Freundschaft und Ehe mit philippinischen Damen. Bitte senden Sie ein farbiges Ganz-Photo und einen kurzen Lebenslauf in Blockschrift.")

Helmut Kircher aus Eiterfeld plazierte folgende Anzeige in derselben Zeitschrift: „Free vacation in Germany 5 German men responsible age around 40 like to meet Phil Ladies 20–30 yrs old single who like to go abroad. Please send letter w/ biodata and newest Photo." („Kostenlose Ferien in Deutschland 5 deutsche Männer im verantwortlichen Alter um 40 möchten phil. Damen 20–30 J. ledig kennenlernen, die ins Ausland gehen wollen. Bitte senden Sie Brief und Lebenslauf und neuestes Photo.")

Offenbar bekam Herr Kircher auf seine nach Kegelclub riechende Anzeige so viele Bewerbungsschreiben von Filipinas, dass er ein paar Monate später das Institut „Anica" gründen konnte, das er beim Gewerbeamt anmeldete — wenn auch unter dem Namen der Ehefrau Bettina: „Hübsche, heiratswillige Philippinenmädchen zu vermitteln! Rufen Sie an oder schreiben Sie uns!"

Da inserieren „German Asian Contact Clubs", „Partner Correspondence Clubs", „Europe-Asia Correspondence Clubs" und Postfachanschriften aus Oldenburg, Bremerhaven, Cloppenburg und Neumünster in philippinischen Zeitungen. Manchmal sind auch Agenturen aus den Philippinen direkt am Geschäft der Deutschen beteiligt: „Attractive, intelligent oriental girls seeking marriage-minded men." Die Agentur: „East Meets West", Manila.

Der Markt ist gross, vor allem in Asien. Der „Schneider-Verlag" in Bergisch-Gladbach, der bis vor kurzem sein Magazin „Global-Kontakt" herausbrachte, prahlte mit „regelmässigen Anzeigen in 11 Zeitungen Asiens". Das war billig für den Verlag, jedoch teuer für die deutsche Kundschaft: Mindestens DM 79.— kostete es damals, den Katalog „mit 1'000 Anschriften und 800 Porträts-Fotos von heiratswilligen Damen aus 11 Ländern Asiens" zu erhalten — selbstverständlich ohne jede Garantie, ob die „Erwählte" überhaupt noch „verfügbar" ist.

Da die meisten Damen nicht vermittelt werden konnten, niemand aber gern „1'000 Adressen" und dazugehörige Fotos wegschmeisst, konnte man anschliessend dieselben Unterlagen (aus den Jahren 1978 und 1979) bei Herrn Kretschmer einsehen, der bekanntlich sein Unternehmen „German Filipina Contact Club" inzwischen geschlossen hat.

Schliesslich tauchte das Material beim „Verlag M. Römisch"
in Bonn auf, der wiederum enge Verbindung mit einer Partnervermittlung in Bergisch-Gladbach hält. Und bei dieser
Partnervermittlung meldet sich kein anderer als Herr Römisch.

Die Nachfrage:
„Gesetzlich oder ungesetzlich
— wen interessiert das schon?"

Wie sich noch zeigen wird, ist es kennzeichnend für jene Männer der westlichen Gesellschaften, die Frauen aus Übersee über Agenturen vermittelt haben wollen, dass sie Schwierigkeiten bei der Partnersuche haben oder zumindest vermuten. Oft gehen diese Männer davon aus, dass diese Schwierigkeiten nur in ihren eigenen Gesellschaften auftreten, und so versprechen sie sich die Überwindung der Barrieren bei der Suche nach Partnerinnen in fremden Gesellschaften. Dabei scheint es oft genug gleichgültig zu sein oder zumindest zufällig, wo sie ihre Suche beginnen.

Weiterhin ist kennzeichnend für diese Männer, dass sie annehmen, eine Partnervermittlung gehe glücklich aus, wenn man nur genügend Geld investiere. Dahinter stehen die Überzeugung, dass alles bezahlbar sei, und der Glaube, wer genügend Geld habe, sei damit auch befähigt, über alles zu verfügen, das ihm begehrenswert erscheint.

Mit dieser Logik lassen sich auch Defizite, wie zum Beispiel die Schwierigkeiten bei der Partnersuche, überwinden. Die Schwäche wird zur Stärke, unter der Voraussetzung, dass die Partnerinnen aus fremden Kulturen, die vermittelt werden, unterlegen sind, mindestens materiell. Durch ihre Unterlegenheit geben sie Männern, die in ihren eigenen Gesellschaften aus verschiedenen Gründen keine für beide Seiten befriedigenden Beziehungen aufbauen können, erst die Möglichkeit, Stärke und Überlegenheit zu empfinden.

Das Geschäft mit der Kontaktvermittlung etablierte sich nach einer ersten Welle, bei der zunächst kostenlos Brieffreundschaften vermittelt worden waren, und wuchs in den letzten Jahren mit dem Reiseboom nach Afrika und Asien. Als es nicht mehr reichte, zwei oder drei Wochen des Jahres im Gefühl der Überlegenheit zu schwelgen, der starke und mächtige Mittelpunkt der Welt zu sein, suchte „Mann" die längerfristige Lösung. Eine Nachfrage entstand, die mit der Vermittlung von Brieffreundschaften auf kommerzieller Basis befriedigt wurde.

Ab 1978 erschienen solche Anzeigen häufiger; sie zeichneten sich durch eine Besonderheit aus: Gewerbsmässige Unternehmer vermittelten „Kontakt" gegen Honorar, und zwar immer Adressen von Frauen aus Übersee an Männer in Europa. Nie umgekehrt.

Einige Händler, deren Geschäftssinn wohl mit einer gehörigen Portion Menschenverachtung angereichert war, witterten noch mehr. Sie begannen ihre „Dienstleistungen" auszubauen, indem sie die Vermittlung von Brieffreundschaften mit dem Angebot kombinierten, über den Briefwechsel hinaus auch den unmittelbaren Kontakt stiften zu wollen – gegen Geld, versteht sich.

Der erfolgreichste Adressenhändler, der mit dieser Methode reich geworden ist, heisst Simon Amstad und sitzt in der Schweiz. Er bietet ganze Serien von Frauen auf farbigem Hochglanzpapier an und verfügt in seinem Unternehmen nicht nur über eine computerisierte Abwicklung der Vermittlung, sondern unterhält auch gleich ein Korrespondenzbüro in Manila. Sein „Partner-Journal" ist an Fülle und Geschmacklosigkeit kaum zu überbieten, und seine geschäftliche Praxis, die Adressenvermittlung mit dem Verkauf von Flugtickets und Pauschalarrangements zu verbinden, gilt als

anrüchig: „Kontakten Sie", fordert er seine Kunden auf, „vor der Abreise dorthin noch einige unserer Mädchen!"
Zu den Pionieren zählt auch Gerd Peter Koppenhöfer, der zwar nie die grosse Öffentlichkeit erreichte wie andere seines Schlages, der aber auch nie das grosse Geld gemacht hat. Vielleicht ist er deshalb nie in die Schlagzeilen geraten. Die folgende Geschichte, in der er eine wenig ruhmvolle Rolle spielt, ist vor Gericht verhandelt worden — allerdings ohne dass die meisten der nachstehenden Einzelheiten auch nur zur Sprache gekommen wären. Koppenhöfer kommt mit einer geringen Geldstrafe davon.

Sarah las die Anzeige an einem Sonntagnachmittag. Die philippinische Wochenzeitschrift „Balita Magazine" brachte seit einigen Monaten immer häufiger Anzeigen von deutschen und Schweizer Männern, die eine Brieffreundin in Südostasien suchten. Sarah war katholisch, 26 Jahre alt und noch nicht verheiratet. Eigentlich las sie die Anzeigen nur zur Unterhaltung; ernsthaft dachte sie nicht daran, dass einer dieser Männer für sie interessant sein könnte. Aber dann war da plötzlich diese Anzeige an jenem Sonntagnachmittag im Jahre 1979: „Brieffreundschaften! Deutsche Männer suchen Damen in Südostasien für ehrliche Brieffreundschaft."
Sarah kannte keine deutschen Männer. Deutschland war weit weg, man hörte so manches. Aber was konnte man mit einem Brief schon falsch machen? Warum also nicht einmal unverbindlich nachfragen, die Adresse des Vermittlers stand ja auch ganz offen in der Anzeige: Koppenhöfer, Fellbach bei Stuttgart.
Dann ging alles plötzlich ganz schnell: Antwort von Koppenhöfer und gleich ein Name, ein Elektromeister aus Stuttgart, 48 Jahre alt, der eine ehrliche Brieffreundin auf den Phi-

PARTNER-JOURNAL   **CH-8427 RORBAS / ZH**

AMSTAD-TRAVEL-SERVICE (A.T.S.)   TELEFON 01 / 860.53.35

PC-KONTO WINTERTHUR 84-8817   POSTFACH

Trade Mark

LIEBER FREUND,

HIERMIT HABEN SIE IHREN ERSTEN SCHRITT
GETAN UM EINE PARTNERIN ZU FINDEN.
STUDIEREN SIE BITTE UNSERE BEILIEGENDEN
UNTERLAGEN GENAU.

JEDER HAT HIER EINE REELE CHANCE, EINES
DIESER MÄDCHEN HEIMZUFÜHREN, OB DIREKTOR,
ANGESTELLTER ODER ARBEITER, AUCH LANDWIRTE
HABEN SEHR GUTE CHANCEN.

UM IHNEN DAS WEITERE VORGEHEN IHRERSEITS LEICHTER ZU MACHEN,
OFFERIEREN WIR IHNEN EINEN SOGENANNTEN " SCHNUPPER-TEST" :

    100 FOTOS UND 100 ADRESSEN DAZU,   ZU NUR FR. 100.--
    xxxxxxxxxxxxxxxxxxxxxxxxxxxxxxxxx   xxxxxxxxxxxxxxxxxxxxxxxxxxx

DIESE ZAHLUNG VON FR. 100.-- WIRD ANGERECHNET, WENN SIE SPÄTER
UNSER GESAMT-PROGRAMM FÜR 12 MONATE (FR. 350.--) NACHBEZIEHEN
MÖCHTEN. MIT FREUNDLICHEN GRÜSSEN - IHR ATS-TRAVEL-SERVICE, -

_____ (HIER ABSCHNEIDEN UND EINSENDEN) _____

G U T S C H E I N   F Ü R   " SCHNUPPER-PROBE-TEST "

AUF GRUND IHRER INFORMATION ÜBER " PHILIPPINEN/MÄDCHEN"
MÖCHTE ICH VORERST FOLGENDE DIENSTLEISTUNG VON IHNEN BEZIEHEN:

    100 FOTOS UND 100 ADRESSEN,   ZU   FR. 100.--

EINE ANDERE VERPFLICHTUNG GEHE ICH MIT DIESEM AUFTRAG NICHT EIN.

DEN BETRAG VON FR. 100.--   LEGE ICH BEI ☐

                        ZAHLE ICH AUF OBIGES PC-KONTO. ☐

NAME: . . . . ALTER: . . . . .

STRASSE: . . . . ORT: . . . . . / . . . .

DATUM: . . . .

NEU/NEU: CA. 125 FARBEN-
FOTOS MIT ADRESSEN UND
NÄHEREN DATEN=

90

PARTNER-JOURNAL   **CH-8427 RORBAS / ZH**

AMSTAD-TRAVEL-SERVICE (A.T.S.)   TELEFON 01 / 860.53.35

PC-KONTO WINTERTHUR 84-8817   POSTFACH

Trade Mark

Lieber ATS-Interessent,

Ihre Anfrage ist dankend eingegangen.

Wenn Sie ernsthaft eine Partnerin für's Leben suchen, sind Sie hier an der richtigen Adresse.

Denn ATS (AMSTAD TRAVEL SERVICE) ist kein Heirats-„Institut" im üblichen Sinne. — Und ATS lebt nicht von Vermittlungsgebühren oder Vorauszahlungen, sondern vom Erfolg seiner Kunden.

Wer Englisch versteht, hat's vielleicht schon bemerkt: ATS hat mit Reisen zu tun. — Genauer gesagt: mit Flugreisen.

ATS verkauft preiswerte Flugreisen (schon für unter 2000 Franken . . .) ins Traumland deutscher und anderer westlicher Ehesuchender: den **Philippinen.**

Wer's noch nicht weiss: Die Philippinen sind ein Inselreich (7 107 Inseln . . .) im fernöstlichen Asien, am Rande des Pazifiks. Man gelangt dorthin im allgemeinen nur mit dem Flugzeug.

ATS hat auch ein Zweigbüro in Manila (Hauptstadt der Philippinen). — Dieses nimmt sich nicht nur des fremden Reisenden an, sondern verkauft auch günstige Flugtickets in die Schweiz für die neu gewonnene Braut oder Ehefrau.

Das System hat sich bewährt: Aus der Idee eines passionierten Asienreisenden Ende 1975 entstanden, hat ATS mittlerweile (bis Ende 1978) soviele Paare zusammengebracht, dass zwei Jumbo-Jets nicht ausreichen würden, um sie alle auf Urlaub nach dem Land der 7 107 Inseln zu befördern.

Warum Philippinen?

Das Geheimnis des Erfolges des ATS (und seiner Kunden) liegt darin, dass man ihn (den Erfolg) dort sucht, wo er am leichtesten zu finden ist.

Und wir haben eines festgestellt: Nirgends ist es so leicht, eine nette, liebenswerte und treue Partnerin für's Leben zu finden wie auf den Philippinen. — Nicht wenige ATS-Reisende, die in der kalten Schweiz in vielen Jahren nicht fanden, was sie sich wünschten, haben im Reich der 7 107 Inseln während eines kurzen Urlaubs ihr Glück gefunden — eine Frau für's Leben, um die die meisten sie beneiden.

Die Philippinen bieten wie kein anderes Land ein fast unerschöpfliches Reservoir an heiratslustigen jungen Damen, und zudem sind westliche Männer bei ihnen als Ehepartner noch äusserst beliebt.

Warum sind westliche Männer bei den „Filipinas" als Ehepartner so beliebt? — Nun — es ist nicht nur wegen des Geldes, sondern gibt es hierfür mehrere Gründe.

Zum ersten ist die „Völkervermischung" auf den Philippinen schon seit Jahrhunderten Tradition. — Das Land war rund 400 Jahre lang von ausländischen Mächten beherrscht — erst von seinen spanischen Eroberern, dann von den Amerikanern — und während des 2. Weltkrieges kurzfristig von den japanischen Besatzern. — Und alle von ihnen haben sich schon damals gerne mit den „Filipinas" vermischt. — Nur die Japaner sind nicht allzusehr beliebt.

Ein anderer Grund liegt in der „doppelten Moral", die in den meisten von Spaniern beeinflussten Gebieten vorherrscht: Der Mann darf alles — die Frau nichts. — Die Frau hat bis zur Eheschliessung Jungfrau zu sein — der Mann dagegen soll so viele Eroberungen wie möglich machen. — Lässt sich ein Mädchen erobern, ist es eine „bad girl" (schlechtes Mädchen). — Und auch in der Ehe sind die Männer im allgemeinen keineswegs treu — im Gegenteil. — In besser situierten Kreisen ist es geradezu ein „Statussymbol" für einen Ehemann, wenigstens eine „Querida" (Geliebte) zu haben. — Ausserdem sind nicht wenige einheimische Männer dem Trunke ergeben und verprügeln dann nicht selten Weib und Kinderschar. — Die meisten Mädchen wünschen sich jedoch einen Mann, der ihnen treu ist, für sie sorgt und sie auch anständig behandelt.

lippinen suchte. Noch im selben Jahr stand Robert Simon im Flughafengebäude von Manila vor Sarah: „Ich wollte sie unbedingt auch persönlich kennenlernen."

Natürlich war die „Brieffreundschaft" nur ein Vorwand gewesen. Robert Simon verdankt sein Glück dem Umstand, dass er und Gerd Peter Koppenhöfer im gleichen Restaurant zu Mittag assen. Robert Simon muss bedrückt und vielleicht auch ein wenig traurig ausgesehen haben, wie er da so lustlos in seinem Essen herumstocherte. Jedenfalls kamen die beiden Männer ins Gespräch, und Koppenhöfer wusste tatsächlich einen Rat, wie der nun schon zweimal geschiedene Herr Simon die Lebensfreude zurückgewinnen könne: „Sie sollten sich dort eine Frau suchen, wo Frauen noch wirklich zärtlich und liebevoll und zurückhaltend sind, wo Frauen noch Männer respektieren." Und Koppenhöfer erzählte von seinem Brieffreundschaften-Service und gleich auch davon, dass er billige Flüge nach Manila organisieren könne.

Im Dezember 1980, nach zwei Treffen auf den Philippinen, heiraten Sarah und Robert Simon in der Hauptstadt der südostasiatischen Inselwelt. Im Januar 1981 fliegt Robert Simon allein nach Deutschland zurück, um alles für die Ankunft der neuen Ehefrau vorzubereiten; Sarah kommt wenige Wochen später zusammen mit einer Freundin nach: „Ich wollte sie nicht allein lassen. Und Robert sagte, man werde schon etwas für sie finden. Viele Männer suchten eine asiatische Frau." Sarah ist völlig fasziniert von der Idee, jetzt also in Europa leben zu können. In Europa!

In Europa ist es kalt, in jeder Beziehung. Gottseidank stellt sich heraus, dass Herr Koppenhöfer, der so freundlich für die Vermittlung zwischen Sarah und Robert Simon gesorgt hat, auch mit einer Filipina verheiratet ist. Sarah lernt Sylvia kennen, die beiden Frauen besuchen sich, man erzählt von zuhause. Bei einem Besuch im Haus der Koppenhöfers sieht Sarah zum ersten Mal das dicke Album mit Fotos: schwarz-weisse und farbige Mädchengesichter, alle sehr vertraut, wenn auch unbekannt. Und sie sieht auch den Aktenordner mit Lebensläufen und Briefen dieser Mädchen.

Drei Jahre vergehen. Robert Simon ist nicht nur Elektromeister, sondern auch Computer-Freak. Er ist immer beschäftigt. Sarah lernt deutsch, hilft im Geschäft mit, kennt inzwischen auch all die Fachausdrücke, die sie früher nicht einmal auf Englisch oder Tagalog kannte: Doppelstecker, Ampère, Lüsterklemmer.

Im Januar 1984 kommt ihr Kind zur Welt. Sarah hat die Gedanken verdrängt, die sie seit Monaten quälen: Dass Robert Simon längst andere Frauen kennengelernt hat, dass er oft allein unterwegs ist in der Stadt, dass er weniger aufmerksam ist als in den ersten Jahren. Im März wird das Kind getauft, Sylvia Peters — sie ist inzwischen von Gerd Peter Koppenhöfer geschieden — wird Patin.

In der Zwischenzeit hatte Robert Simon seiner Frau einen Wunsch erfüllt, den sie immer wieder vorgebracht hatte: „Lass uns wieder zurückgehen, nach Hause, nach Manila." Und Robert Simon hatte ihr 30'000 DM versprochen, nur einen Teil seines Ersparten, aber genug, um damit auf den Philippinen ein Haus kaufen zu können: „Fahr nach Hause und such uns ein Haus, wo wir leben können, wenn wir alt sind."

Nach drei Wochen auf den Philippinen findet Sarah ein geeignetes Haus. Sie ist voller Sehnsucht, und am liebsten würde sie jetzt schon wieder in ihrer Heimat leben, mit dem Baby, und nicht erst, wenn sie alt ist.

Im Mai fliegt sie noch einmal nach Manila, macht den Kauf perfekt. Während der zwölf Tage, die sie auf den Philippinen verbringt, reicht Robert Simon die Scheidung ein. Als Sarah nach Stuttgart zurückkommt, liegt der Brief des Rechtsanwalts auf dem Tisch. Dazu ein Brief ihres Mannes: „... und bitte Dich, die 30'000 DM, die ich Dir geliehen habe, in monatlichen Raten von DM 750.– zurückzuzahlen." Sarah bricht zusammen.

Auch für Jane, eine andere Filipina, wird Gerd Peter Koppenhöfer zum Schicksal. Im Dezember 1981 liest Jane eine Chiffre-Anzeige, die ihre Aufmerksamkeit erregt. Unter „Nr. 666" steht da: „Deutscher Manager sucht Sekretärin, englisch und evtl. deutsch." Jane schreibt am 2. Januar 1982: „Chiffre Nr. 666 – Sehr geehrter Herr, ich interessiere mich für die von Ihnen ausgeschriebene Stelle als Sekretärin und lege Ihnen meinen Lebenslauf und meine Zeugnisse bei. Ich würde es sehr begrüssen, wenn Sie mir eine Gelegenheit geben würden, meine Bewerbung mit Ihnen persönlich zu besprechen. Mit hochachtungsvollen Grüssen ..." Am 12. Februar 1982 kommt Post aus Deutschland: „Sehr geehrtes Fräulein, zwar bin ich inzwischen schon wieder zurück in Deutschland, aber das macht ja nichts. Falls Sie immer noch daran interessiert sind, nach Deutschland zu kommen, schicken Sie mir bitte ein schönes Farbfoto, auf dem Sie in voller Grösse zu sehen sind. Mayer, Albrecht ist mein Name. Ich bin Verleger, Buchhändler und Geschäftsmann für Schulbedarf. Und wenn Sie nicht für mich arbeiten können, dann kenne ich noch viele Geschäftsleute hier. Ich bin 28 Jahre alt, am 12. Juni 1953 geboren, unverheiratet, also immer noch Junggeselle und interessiert an Reisen und Sport. Soviel für heute! Ich erwarte Ihr hübsches Foto, freundliche Grüsse ..." Am 21. Februar 1982 schreibt Jane zurück: „Ich bin tatsächlich immer noch interessiert, nach Deutschland

zu gehen, um dort eine Arbeit zu bekommen. Ich bin zur
Zeit arbeitslos und freue mich, dass Sie mir helfen wollen ..."
Ein Foto liegt bei. Aber Wochen vergehen, ohne dass etwas
geschieht. Am 20. April 1982 schreibt Jane noch einmal:
„Vielleicht waren Sie so beschäftigt, dass Sie meinen Brief
übersehen haben ..." Am Nachmittag des 19. Mai 1982 bekommt Jane plötzlich ein Telegramm: „Bitte nehmen Sie mit
mir Kontakt auf Manila Hilton Zimmer 1711 Grüsse von
Herrn Mayer." Unterschrift: „Koppenhöfer, Manager."
Jane ruft Gerd Peter Koppenhöfer im Hotel „Manila Hilton" an. Man verabredet sich für den übernächsten Tag. Jane
erbittet Bedenkzeit. Am 24. Mai 1982 lässt sie Koppenhöfer
ausrichten, dass sie einverstanden sei. Sie weiss jetzt, dass sie

Albrecht Mayer Neue Anschrift Dorfmittraße 13 7145 Markgröningen

Miss
▬▬▬▬▬▬▬▬
1o7 Interior 11,Loreto St.
Sampaloc, Metro Manila
P H I L I P P I N E S

Datum 12th february 1982

Box 666-Main 82 Bulletin Today

Miss:

Thanks for anser to my ad in Bulletin Today. I'm already
How you can see, I'm already back in Germany, but that
doesn't matter at all. If you're are still interested in
going abroad to West6ERmany, pleastr send another picture
coloured which shows your total person. Mayer, Albrecht is
my name. I'm publisher, bookhandler and businessman in
school-Supplies, and if not for me , I know a lot of business-
men here. My age ist28, still, born 12 june 1953 , not married
still bachelor and interested in travelling and sports!
So far for now!
Waiting for your nice picture in Photo

Yours sincerely

Albrecht M a y e r
new address

SCHULBEDARF
VERSANDBUCHHANDLUNG
LEHR- U. LERNMITTEL
Albrecht Mayer
Münchinger Straße 32
7145 Markgröningen
Telefon 0 7145 / 56 82

Telefon 071 45 / 56 82

Bankverbindung
Kreissparkasse Markgröningen
9004818 (BLZ 60450050)

21 February 1982

Mr. Albrecht Mayer
Munchinger Strabe 32
7145 Markgroningen
West Germany

Dear Mr. Mayer:

I am in receipt of your letter dated 12 February
I remember, about a month ago, I responded to the
Bulletin Today's advertisement inviting applications
for a job position. I would like to confirm if it
was the same advertisement you were referring to
in your letter. Anyhow, I would like to inform
you that I really am interested to get to West
Germany and hopefully get a job there, too. At
present, I am unemployed so I would appreciate
any assistance you may extend to me in this
regard. Enclosed are my photos and résumé.

Thank you and I look forward to hearing from you.

Sincerely,

20 April 1952

Dear Mr. Mayer :

This refers to my letter to you dated 28 February.

I am just wondering if you have received my letter or not because I have not received any response from you up to now. Perhaps you're so busy that you overlooked my letter.

As I have told you before, I really am interested to go to your country. You said you can help me since you have many friends there. Please give me some advice on this matter. I shall be very grateful if you can help me get to Germany. I hope you will take time out to write me.

Thank you very much and more power to you and your business.

Sincerely,

███████████

1020 115AL NET CK 24 CTG ORD
HILTON MAY 19 S 20

MISS ██████████████
107 INTERIOR 11 LORETO ST SAMP METRO MLA

PLEASE CONTACT ME IN MANILA HILTON ROOM 1711
REGARDS FROM MR. MAYER

KOPPEN HOFER/MANAGER

in Deutschland nur Arbeit finden und wohnen kann, wenn sie einen deutschen Mann heiratet. Koppenhöfer will ihr dabei helfen. Und Jane sagt: Ja, bitte. Die Kosten des Unternehmens will Koppenhöfer mit Mayer zu gleichen Teilen übernehmen.

Juni und Juli vergehen ohne eine Nachricht. Jane verliert die Hoffnung, dass dieser Herr Koppenhöfer ihr wirklich helfen will. Vielleicht war es nur ein Scherz? Man weiss ja nie bei den Europäern, sie sind so anders, so viel schneller, tatkräftiger und entschlossener – und dann wieder so merkwürdig zurückhaltend. Kein Wort aus Deutschland. Dabei war doch alles klar. Stattdessen bekommt Jane Ende Juli ein Angebot, als Sekretärin in Bahrain zu arbeiten. Sie geht ins „Catholic Travel Center", wo Koppenhöfer Instruktionen hinterlassen hat, wie Janes Reise nach Deutschland organisiert werden soll. Sie beschliesst abzuwarten. Mitte August trifft tatsächlich das Rückflugticket ein. Das „Catholic Travel Center" hat nun alle Papiere bereit, der Abflug ist für den 20. August 1982 vorgesehen. Jane geht nach Deutschland, nicht nach Bahrain.

Am 21. August 1982 kommt Jane auf dem Flughafen in Frankfurt am Main an. Gerd Peter Koppenhöfer und sein Schwager holen sie ab, Albrecht Mayer kommt nicht. Er weiss wohl nichts von der plötzlichen Ankunft der von ihm angeworbenen Sekretärin.

Jane wohnt bei Koppenhöfers; er ist inzwischen wieder mit einer anderen Filipina verheiratet. Es ist seine dritte Ehe. Die nächsten Monate sind für Jane, die noch nie im Ausland war, voller Entdeckungen. Die meisten machen ihr Angst. Am meisten die Art, wie sie verschiedenen Herren der Stuttgarter Gesellschaft vorgestellt wird. Sie weiss ja, dass sie einen wird heiraten müssen. Da sind ein Herr Haas aus Stuttgart, ein Herr Bürk, ein Herr Fuergen und ein Herr Haselmaier, der behauptet, Polizist zu sein und ein gutes Auskommen zu haben. Haselmaier zeigt Jane denn auch die Anzeige, die Koppenhöfer aufgegeben hat:

„Asiatin (Philippinin), 26, 156, 48 kg, ledig, oh. Anhang, absol. treu u. zuverl., sehr häusl. m. viel Familiensinn, mö. seriösen Herrn b. 42 J. kennenlernen. Nur Bildzuschr. mit Alters- u. Berufsangabe werden beantwortet. Chiffre ...“

Koppenhöfer bemüht sich wirklich. Ganz offensichtlich hat er sich aber die Vermittlung von Jane leichter vorgestellt. Er ruft seinen Bekannten Bernstein an, der in Bietigheim arbeitet und selbst mit einer Filipina verheiratet ist: Man habe da so ein schwer zu vermittelndes Mädchen, ob er keinen Rat wüsste. Und Bernstein formuliert ebenfalls eine Anzeige und lässt sie in die „Bietigheimer Zeitung“ setzen.

„Eigentlich wollte ich gar nicht so richtig“, erinnert sich Matthias Löbl, der auf die Anzeige antwortet und auch zur Brautschau ins Haus der Koppenhöfers eingeladen wird. „Sie sass da und hat ferngesehen, sie hat sich gar nicht um uns gekümmert. Das Mädchen war völlig versaut, sagen wir mal, also verstört ist wohl richtiger.“ Matthias Löbl nimmt Jane mit auf eine kleine Geschäftstour. Sie können sich nur mühsam verständigen, weil Löbls Englisch nicht gerade meisterlich ist. Jane geniesst die Fahrt, geht mit Löbl essen, sieht eine Chance, aus dem Haus der Koppenhöfers ausziehen zu können. Sie hat nur eine Bedingung: kein Geschlechtsverkehr vor der Eheschliessung. Matthias Löbl geht darauf ein.

Am nächsten Tag schon kommt Gerd Peter Koppenhöfer aus Fellbach zum „Kassieren“ nach Bietigheim. „Da bin ich ganz stutzig geworden“, sagt Matthias Löbl, „ich hatte ja keine Ahnung, wie schwer verkäuflich die Jane war.“ Aber er rückt die DM 5'500.– raus, die Koppenhöfer fordert. Als der Händler jedoch die Quittung mit „Müller" unterschreibt, wird es Löbl zu bunt: „Sie können das doch ruhig mit Koppenhöfer unterschreiben, hab ich zu ihm gesagt. Ja, ich möchte nicht, dass das so publik wird, hat der darauf geantwortet. Und ich: Hier müssen Sie schon mit Koppenhöfer unterschreiben!" Koppenhöfer unterschreibt schliesslich die Quittung auch noch mit dem eigenen Namen.

Ist Matthias Löbl nie der Gedanke gekommen, dass das ganze Geschäft ein bisschen merkwürdig ist, gar ungesetzlich sein könnte? „Ja sicher, aber wen interessiert das schon, ob es gesetzlich oder ungesetzlich ist. Angenommen, die Sache wäre gut gegangen, da hätte niemand was davon erfahren. Und es hätte auch niemanden interessiert."

Die Sache ging nicht gut. Am Silvesterabend des Jahres 1982 gibt es Streit zwischen Jane und Matthias Löbl. Löbl will sich nicht mehr an die gemeinsame Abmachung halten; Jane ist es leid, ihn immer wieder abwehren zu müssen. Am Neujahrsmorgen verlässt sie ihn und geht zu Bernsteins. Als dort plötzlich Albrecht Mayer auftaucht, um sie abzuholen, auch gleich mit der Polizei droht („Ich hab da viele Freunde!"), flieht Jane zu einer anderen Familie. Am 18. Januar 1983 erstattet sie auf Drängen von Freunden Anzeige bei der Polizei, weil ihr Pass und ihr Rückflugticket immer noch bei Koppenhöfer festgehalten werden. Den Pass erhält sie am folgenden Tag durch die Polizei zurück.

Matthias Löbl, der immerhin 5'500 DM für eine Frau bezahlt hat, die nicht mehr bei ihm lebt, versucht vergeblich, sein Geld zurückzubekommen. „Aber der Koppenhöfer rührte sich natürlich gar nicht mehr. Da bin ich zur Polizei gegangen und habe Anzeige erstattet."

Die Anzeigen von Jane und Löbl führen im Februar 1983 zu einer Anklage beim Amtsgericht Waiblingen, wo schon eine andere Klage „wegen vier Handlungen" vorliegt. Betroffen ist ebenfalls eine junge Frau aus den Philippinen. Koppenhöfer wird vorgeworfen, die Frau gefangengehalten zu haben, Briefe, die an sie gerichtet waren, geöffnet zu haben, ihr den Pass abgenommen und sie mehrfach geschlagen zu haben. Jetzt stehen ein paar Delikte mehr zur Verhandlung an: Unterschlagung, Beihilfe zum Verstoss gegen das Ausländergesetz, Urkundenfälschung, Steuerhinterziehung, Freiheitsberaubung und Menschenhandel. Merkwürdigerweise werden die Vorwürfe der Freiheitsberaubung und des Menschenhandels fallengelassen, die aufgebotenen Zeugen weder geladen noch vernommen – darunter zwei weitere Filipinas, die Gerd Peter Koppenhöfer „vermittelt" hat.

Als vier Monate nach Janes Anzeige die Staatsanwaltschaft Koppenhöfers Haus durchsuchen lässt, findet sie nichts, was ihn belasten könnte: weder das Fotoalbum, das nachweislich mindestens drei Zeugen gesehen haben, noch die Akte mit Lebensläufen und Korrespondenz, keine Belege von Anzeigen, keine Listen von kaufwilligen Herren – nicht einmal die Unterlagen der „Schwäbisch-Philippinischen Gesellschaft", die Gerd Peter Koppenhöfer gerade recht war, um Verbindungen herzustellen, die für sein „Geschäft" nützlich waren.

Vier Monate sind eine lange Zeit, und man fragt sich, was die Staatsanwaltschaft während dieser Wochen ermittelte und was so aufwendig war, dass eine rechtzeitige Durchsuchung verhindert wurde. Vielleicht gab es andere Hinweise?

Tatsächlich hatte gleich zu Beginn der Vernehmungen ein tüchtiger Kriminalbeamter einen wichtigen Hinweis bekommen. „Herr Koppenhöfer ist zur Zeit nicht zu erreichen, weil er am kommenden Sonntag weitere vier Mädchen aus den Philippinen am Frankfurter Flughafen abholen soll."

In der Aktennotiz sind Ankunftszeit, Fluglinie und Flugnummer angegeben. Die Notiz liegt immer noch bei den Akten. Sie ist nie bearbeitet worden. Koppenhöfer setzte also noch während der Ermittlungen seine Aktivitäten fort.

In der Strafsache 6 Cs 606/83 gegen Koppenhöfer, vertreten durch Rechtsanwalt Leibfritz, ergeht am 25. Juli 1983 das Urteil: eine „Gesamtgeldstrafe in Höhe von 80 Tagessätzen à DM 70.–, insgesamt DM 5'600.– (i.W.: fünftausendsechshundert Deutsche Mark)". Koppenhöfer muss auch die Kosten des Verfahrens tragen. Der Strafbefehl wird am 2. August 1983 zugestellt; am 4. Oktober 1983 wird er vollstreckt.

Matthias Löbl hat seine Vermutungen, warum der Vorwurf des Menschenhandels fallengelassen wurde. „Aber ich kann nichts beweisen." Und Jane? Sie ist noch vor Ende des Verfahrens auf die Philippinen zurückgekehrt.

Bleibt Koppenhöfer. Und die vorher erwähnten Herren der Stuttgarter Gesellschaft, die nie wieder aufgetaucht sind. Und fast ein Dutzend junger Damen aus den Philippinen, die nachweislich während der Zeit, in der Jane bei Koppenhöfers wohnte, ebenfalls dort ihren vorübergehenden Aufenthalt hatten.

Bleibt die „Schwäbisch-Philippinische Gesellschaft" und ihr Präsident, Reinhold Erschfeld, der Mitarbeiter bei Mercedes ist: Zentraler Kundendienst. Obwohl Erschfeld sich als Zeuge gegen Koppenhöfer für Jane zur Verfügung gestellt hat (was in seinen Worten etwa so klingt: „Gegen den Koppenhöfer habe ich schon mal ermitteln lassen bei der Staatsanwaltschaft!"), scheint die Freundschaft zwischen den beiden Männern weiterzubestehen. Mehrfach werden sie später zusammen gesehen.

Die „Schwäbisch-Philippinische Gesellschaft", ein Verein (Sitz: Schlierbach), der immer mal wieder in den „Stuttgarter Nachrichten" und im „Waiblinger Wochenblatt" inseriert, pflegt die Freundschaft zwischen Schwaben und den Philippinen in einer klaren Rollenverteilung: die Schwaben sind männlich, die Philippinen weiblich.

Wenn eine Veranstaltung des Vereins ansteht, werden philippinische Frauen auch mal auf der Strasse angesprochen. „Der Erschfeld hat mich persönlich eingeladen", berichtet beispielsweise Moni, die seit vielen Jahren in einem Stuttgarter Krankenhaus arbeitet. „Ich bin dann auch hingegangen. Der gemütliche Abend mit Begegnungen sollte in Fellbach stattfinden, in einem Restaurant in der Nähe des Sportplatzes. Wir Mädchen mussten uns dann auf die eine Seite des Raumes setzen, und die Männer sassen auf der anderen Seite. Es waren auch ein paar Ehepaare da, aber nur deutsche Männer, die mit Filipinas verheiratet sind. Manchmal kamen Männer an unsere Tische und sprachen mit uns. Ich selbst wurde von Herrn Koppenhöfer angesprochen, der mich zu sich nach Hause einlud, weil er unbedingt Photos von mir machen wollte." Moni wurde stutzig: „Ich hab ihn gefragt, wozu er denn die Photos haben wolle. Und er hat nur gesagt, ich sei doch sehr hübsch, und es gäbe viele deutsche Männer, die so eine hübsche Filipina zur Frau haben wollten. Ich bin danach nie wieder zu diesen Begegnungsabenden hingegangen." Moni beschreibt Koppenhöfer genau: „Er hat immer so eine Aktentasche dabei, auf der die philippinische Fahne aufgeklebt ist." Mindestens zweimal jährlich lädt Reinhold Erschfeld zu solchen Treffen ein. Und Gerd Peter Koppenhöfer scheint immer mit von der Partie zu sein.

Im Verfahren gegen Koppenhöfer sind noch andere Punkte ungeklärt geblieben. Zum Beispiel die Rolle des Verlegers

Albrecht Mayer, dessen Suche nach einer „Sekretärin" so hilfreich für Koppenhöfer war, und dem man nachsagt, dass er auf diese Weise schon ein paar Mal behilflich sein konnte – auch zu seinem eigenen Nutzen, will man meinen.

Ungeklärt sind auch die vorgeblichen Verbindungen des Gerd Peter Koppenhöfer zur Firma Mercedes, ebenso seine Beziehung zu Mercedes-Mitarbeiter Erschfeld. Doch gibt es Zeugen für merkwürdige Angebote, die unter Mitarbeitern der renommierten Stuttgarter Firma die Runde machen: Für 12'000 DM soll man bereits eine Frau aus den Philippinen bekommen können. Koppenhöfer und Erschfeld streiten ab, damit auch nur das geringste zu tun zu haben.

Aber auch bei Mercedes hat es sich inzwischen herumgesprochen, dass Gerd Peter Koppenhöfer nützlich ist – auch wenn es der Firma sicher nicht passt, dass er sich hin und wieder als Mercedes-Händler oder gar -Mitarbeiter ausgibt. Aber Koppenhöfer hat angeblich gute verwandtschaftliche Beziehungen zur Sippe des philippinischen Diktators Marcos – über seine jetzige Ehefrau. Und über diese Beziehungen hat er es, wie er sich selbst rühmt, immerhin verstanden, drei Fahrzeuge der Stuttgarter Autofirma über abenteuerliche Verbindungen nach Manila zu schaffen. Nach seinen eigenen Angaben brachte ihm dieses Geschäft 75'000 DM ein. Ausserdem versorgt er, wie er sagt, einen Spediteur in Manila mit Ersatzteilen von Mercedes – trotz der Einfuhrbeschränkungen für solche Teile, und trotz der Devisenausfuhrbeschränkung des Inselstaates.

Gerd Peter Koppenhöfer, der inzwischen abstreitet, je philippinische Mädchen vermittelt zu haben („Ich habe meine Frau, die reicht mir in jeder Beziehung; aus Mädchengeschichten mache ich mir gar nichts."), hat eben gute Verbindungen. Und Geld verdienen kann man offenbar mit jeder

Art Handel. Schliesslich besitzt er einen Sonderausweis der philippinischen Polizei – als wichtiger Mitarbeiter des „National Security Service".

All dies Gemauschel und Getausche ist wohl nur vorstellbar vor dem Hintergrund einer biederen deutschen Grossstadt wie Stuttgart, wo statt städtischer Anonymität eher das bürgerliche Miteinander nach der Eine-Hand-wäscht-die-andere-Regel für Aufregung und Aufregendes sorgt.

Im „Führer zum Nutzen des Fremden-Verkehrs", „Der Strich", wird Stuttgart immerhin erwähnt: „Obwohl in Stuttgart eigentlich nichts los ist, so ist doch eine Menge los. Denn genau so schnell, wie irgendwelche Clubs oder Pseudopuffs entstehen, verschwinden sie auch wieder oder wechseln die Namen." Der Sexführer belegt es durch seine eigenen Angaben: Fast die Hälfte der beschriebenen Etablissements gibt es bereits wenige Monate nach der Veröffentlichung so nicht mehr. Und die angeblich „150 Stuttgarter Clubs" lassen sich in Wirklichkeit an zwei Händen abzählen. Dafür haben die Stadtväter ein etwas schmuddeliges Freudenhaus gleich in Rufweite des Rathauses erbauen lassen: das Dreifarbenhaus im Bebenhäuser Hof. Gleich gegenüber hat, weil alles ja auch seine Ordnung braucht, ein Hautarzt seine Praxis. Und an der Stirnwand des Dreifarbenhauses konnte man wochenlang lesen, was Sprayer von diesem Gesamtprojekt halten: „Hier Vergewaltigung gegen Geld – zuhause umsonst."

Gleich nebenan, auf dem Rathausplatz, wird dreimal die Woche farbenprächtig Markt gehalten. Hier und auf dem Schillerplatz hat auch der Blumenhändler Manfred Becher seine Stände, an denen er allerdings nur selten selbst bedient. Er beschäftigt junge Damen aus den Philippinen, die, wie man weiss, besonders freundliche Verkäuferinnen sein können – auch wenn sie hier gar keine Arbeitsgenehmigung haben. Denn die Damen des Herrn Becher wechseln häufig, meist dann, wenn er mal wieder auf den Philippinen war und neue „Verkäuferinnen" mitgebracht hat. Über den Verbleib der Damen nach ihrer Zeit bei Becher gibt es Vermutungen, die inzwischen auch der Philippinischen Botschaft in Bonn bekannt sind.

Mädchen aus den Philippinen trifft man auch an der Königsstrasse 54 a (Ecke Langestrasse), im „Excelsior", einem Etablissement, das sich ähnlich wie der „Club 66" an der Strasse nach Degerloch auf Mädchen aus dem südostasiatischen Raum spezialisiert hat. Auch die „City Sauna" auf dem Marienplatz beschäftigt Mädchen aus Fernost. Die Schilderung dieses Clubs im einschlägigen „Stadtplan für Männer: Stuttgart" ist so geschmacklos wie verräterisch:

„Klingelt man in der 1. Etage bei Sauna, öffnet eine Thailänderin, der rein zufällig das Handtuch vom Busen fällt, und man hat ein splitternacktes Gegenüber. 'Du wollen Sauna', und schon wird man zur Bartheke bugsiert, zahlt 40 Mark Eintritt und bekommt ein Handtuch gereicht. In der Sauna bekommt man fortwährend Damenbesuch: 'Du kommen mit, wir machen Massage echt und Liebe.' Die vier Mädchen kommen übrigens alle aus Fernost und bieten für 150 Mark eine echte Massage mit viel Massageöl und den Rest dann mit der Zunge. Wer gleich aufs Zimmer will, kann oft die 40 Mark Eintrittsgeld sparen."

In der Bahnhofsmission kennt man sowohl die einschlägigen Kneipen und Puffs wie auch die Praktiken mancher Händler und Zuhälter. Mehrmals mussten philippinische Mädchen betreut werden, die völlig aufgelöst um Hilfe baten.

Aber auch die Liebhaber Thailands kommen in Stuttgart auf ihre verklemmten Kosten: Jahrelang verdiente der stadtbekannte Barbesitzer und Reisebürokaufmann Hans Jürgen Braeuner daran, dass er Mitglied der „Deutsch-Thailändischen Gesellschaft" war. Das verhalf ihm zu einer losen Folge von thailändischen Frauen, die er teils ehelichte, teils zu Freundinnen nahm. Und es verhalf ihm, wie gerichtsbekannt wurde, zu ein paar tausend Mark veruntreuter Spenden des Vereins. Vor Gericht stand, wie sollte es anders sein, die Frage nicht an, was anschliessend mit den Frauen aus Thailand geschah.

Die Händler:

Erster Fall:
„Ich habe an diesen Mädchen nichts verdient."

Walter Arnold nennt sich seit seiner Hochzeit mit Hornette Butler „Walter Arnold-Butler", was in Zürich einen guten Klang hat. Es macht nichts, dass Hornette Butler aus der Karibik stammt und schwarz ist, und es macht auch nichts, dass sie nur eine ist von vielen Prostituierten, die in Walter Arnold-Butlers Haus an der Seestrasse 289 wohnen. Aber eigentlich ist Walter Arnold-Butler aus dem Geschäft ausgestiegen, und verdient hat er, wie er mal vor Gericht sagte, an all diesen Mädchen nichts, rein gar nichts. Nur Ärger haben sie ihm gemacht — ob er sie nun aus der Karibik in die Schweiz oder aus Thailand nach Italien und Deutschland oder von sonstwoher nach sonstwohin gebracht hat. „Ich hatte viele Mädchen", meint er lakonisch, „und die meisten zahlten nicht." Wieviel seine Kunden für die Mädchen bezahlten, sagte er nicht, und das Bezirksgericht Zürich fragte denn auch nicht nach.

Natürlich ist Walter Arnold-Butler nur einer von sehr vielen, die in Zürich mit Frauen Geschäfte machen — welcher Art auch immer. Im Gegensatz zum Szeneagenten Fred Schmid-Daporto, der 1983 immerhin ein Vermögen von 627'000 Franken angab, ist Walter Arnold-Butler eher arm zu nennen: Einkommen, laut Steuererklärung 1983: 20'000 Franken, Vermögen: 0 Franken. Dennoch hat er sich inzwischen in der Karibik ein Haus gekauft, besser gesagt: ein Anwesen, wo demnächst ein Hotel eröffnet werden soll.

Eigentlich ist Walter Arnold-Butler Spengler. Nach einem Konkurs und nach dem Konkurs einer weiteren Firma, die er gleichzeitig betrieb, nennt er sich in Zürich „Generalunternehmer" – allerdings, wie gesagt, ohne nennenswertes Einkommen. Zumindest weiss die Steuerbehörde nichts weiter. Walter Arnold-Butler ist 46 Jahre alt, und es scheint, dass er nur wenig zu arbeiten braucht, da seine Nebenverdienste lukrativ sind – entgegen seiner Behauptung, dass „das bisschen Frauenhandel" nichts einbringe und der Massagerummel in seinem Haus nichts mit ihm zu tun habe.

Sieht man sich die Zürcher Szene etwas genauer an, muss Walter Arnold-Butler fast schon honorig genannt werden. Der stadtbekannte Frauendealer und „Biergarten"-Stammgast Theo Zbinden etwa hat sich der Öffentlichkeit entzogen. Laut Steuerverwaltung der Stadt Zürich am 1. März 1984 ist er „nach unbekannt" verzogen. Und Fredy Schönholzer, der immerhin Präsident einer Immobilienfirma im Zürcher Sexviertel und Ehemann einer „Domina" ist, findet monatelang keine Zeit, seine Steuererklärung abzugeben.

Die Profis des Sexmetiers haben sich inzwischen Firmen zugelegt und handeln längst nicht mehr einfach nur mit Frauen. Sie nennen sich „Arnold Mathis AG" und befassen sich mit dem An- und Verkauf von Liegenschaften; sie heissen „Fibesta AG" und übernehmen die Beratung in Fragen der Finanzierung, Verwaltung und Vermietung von Liegenschaften. Womit auch solche Liegenschaften gemeint sind, die man im Zürcher Aussersihl halt vermuten kann. Da ist es gut, dass die „Fibesta AG" laut Handelsregister auch „andere Unternehmungen und Geschäfte tätigen" kann. Und dass sie nicht nur in demselben Haus, sondern auch mit demselben Verwaltungsrat wie die „Mathis AG" arbeitet, der nur aus einer Person besteht: Arnold Mathis, wohnhaft in Chur.

Wie gesagt: Gegen die Profis ist Walter Arnold-Butler fast ein liebenswerter kleiner Fisch. Die Zimmer in seinem Appartementhaus an der Seestrasse sind mit rund 500 Franken Miete im Monat fast billig zu nennen im Vergleich zu anderen Appartements im Aussersihl, die bis zu 3'000 Franken im Monat kosten. Aber schliesslich sind es ja „arme Mädchen", die Walter Arnold-Butler dort unterzubringen hat, und die meisten wissen wohl beim Einzug nicht, dass neben Deutschunterricht und Familienanschluss auch andere Aktivitäten von ihnen erwartet werden.

Walter Arnolds Frau, Hornette Butler, kommt von der Antilleninsel St. Kitts, einem ehemals britischen Archipel, zu dem auch die Inselchen Basseterre und Nevis gehören. Auf St. Kitts ist der Tourismus noch nicht so stark entwickelt wie auf der französischen Inselgruppe Guadeloupe, wo es sogar einen „Club Méditerranée" gibt und regelmässige Flugverbindungen direkt von Paris aus.

Hornette Butler entstammt einer Familie, deren Geschichte fast so verwirrend ist wie die koloniale Vergangenheit der vielen Inseln und Inselchen rund um St. Kitts: Es sollen mehr als zwanzig Geschwister sein, die durch die eine oder andere Mutter mit ihr verwandt sind. Und man spricht verschiedene Sprachen in der Familie, denn um etwas zu lernen und um Geld zu verdienen, kann man nicht immer auf seiner Heimatinsel bleiben. Bei einem seiner Aufenthalte auf St. Kitts lernt Walter Arnold Evelyn, eine von Hornette Butlers Halbschwestern, kennen.

Evelyn ist zu jener Zeit gerade fünfzehn Jahre alt, und sie geniesst die Begleitung des reichen Fremden, den alle zunächst für einen US-Amerikaner halten. Man besucht gemeinsam verschiedene Inseln, und auf Antigua kommen noch zwei andere Mädchen hinzu. Als eine von ihnen nach ein paar Tagen nach Hause fährt, besorgt sich Arnold ihre Adresse beim Einwohnermeldeamt und holt sie wieder ab. Gemeinsam soll es in die Schweiz gehen. Arnold verspricht den Mädchen, dort könnten sie studieren und dann in einem guten Hotel Arbeit finden. Alle drei Mädchen bestätigen dies noch heute, Walter Arnold hingegen behauptet: „Ich habe Evelyn gesagt, ich sähe mich nach Mädchen um, die als Tänzerinnen in die Schweiz kommen wollten. Ich sagte ihr, dass sie sich auch melden könne."

Wie dem auch sei: Am 8. März 1978 landen Walter Arnold und die drei Mädchen in Zürich-Kloten, wo ihm niemand Schwierigkeiten macht, als er da mit drei schwarzen Mädchen auf dem Flughafen steht, von denen eine gar noch minderjährig ist. Er nimmt die Mädchen mit nach Hause an die Seestrasse 289, wo zwei von ihnen ein Appartement zugewiesen bekommen. Evelyn darf in der gemeinsamen Wohnung mit ihrer Halbschwester wohnen und merkt erst jetzt, welchem Gewerbe Hornette Butler nachgeht. Die letzten Zweifel werden zerstreut, als Walter Arnold seine Fast-Schwägerin Evelyn und die beiden anderen Mädchen noch am ersten Abend ins Kino begleitet: Man sieht sich den Softporno „Black Emanuelle" an, und Arnold schlägt vor, eines der Mädchen solle sich doch den Namen Emanuelle zulegen, das wirke bestimmt sehr anziehend.

Die ersten Wochen im kalten Zürich sind ernüchternd für die Mädchen. Sie werden mit Kitekat, Hundefutter und Spaghetti verpflegt, und Arnold kauft ihnen Perücken, damit sie darunter ihre krausen schwarzen Haare verstecken können. Geld gibt es vorerst nicht, Arnold weist lediglich darauf hin, das könne man sich selbst verdienen, wenn man sich nur nicht so ungeschickt anstellte. Mit ihren fünfzehn Jahren ist Evelyn noch sehr „ungeschickt". Sie ist auch nicht sehr zuvorkommend, wenn sie Walter Arnold einseifen, waschen und baden soll. Und wenn er mit ihr schlafen will, obwohl er mit Evelyns Halbschwester zusammenlebt, wehrt sie sich.

Evelyn bekommt ihr eigenes Zimmer an der Seestrasse, das Appartement Nr. 5, denn inzwischen ist sie sechzehn und könnte sich, so meint Arnold, um eine geldbringende Arbeit bemühen, wenn sie nur nicht so störrisch wäre. Hin und wieder prügelt Arnold sie durch, wenn sie sich wehrt, ihn zu waschen oder mit ihm zu schlafen. Und zum endgültigen Krach kommt es, als er Evelyn aus einer kleinen Weihnachtsfeier mit den anderen Mädchen herausruft. Als sie in ihr Zimmer kommt, liegt da ein nackter Mann, den Walter Arnold offenbar auf die kleine Sechzehnjährige vorbereitet hat: Der bärtige Nackte ist, wie sich Evelyn noch heute erinnert, hochgradig erregt.

Evelyn macht Schwierigkeiten, sie will die Polizei holen, und Arnold muss einsehen, dass mit diesem Mädchen kein Geld zu machen ist. Kurze Zeit später bringt er sie nach St. Kitts zurück, und Evelyns Vater ist betrübt, dass seine Tochter so ungehorsam war und die Schule nicht besuchen wollte und auch ansonsten nicht tat, was der grosszügige und wohlmeinende Schweizer ihr sagte.

Bei einem der nächsten Besuche von Hornette und Walter Arnold-Butler auf St. Kitts wird das Thema Evelyn wieder angeschnitten. Evelyn weiss bis heute nicht, was ihr Fast-Schwager mit ihrem Vater besprochen hat, jedenfalls ist sie im Januar 1980 wieder in Zürich. Ein paar Tage nach der Ankunft steht sie an der Hohlstrasse 25 vor den Scheinwerfern und der Kamera von Fred Schmid-Daporto, der einen Teil seines Geldes mit der Vermittlung von Tänzerinnen und

Gogo-Girls verdient. Walter Arnold ist zuversichtlich: „Der nimmt praktisch jede." Und Fred Schmid „nimmt" Evelyn tatsächlich.

Was Walter Arnold mit Evelyns Vater besprochen hat, sagt er selber später, als er wegen seiner Geschäfte mit einem anderen Mädchen aus der Karibik vor Gericht steht: „Ich nahm die Halbschwester meiner jetzigen Frau mit, um sie in der Schweiz in eine Deutsch-Sprachschule zu schicken, weil ich mit meiner jetzigen Frau in Nevis ein kleines Hotel übernehmen möchte. Damit hätte sie dann Gelegenheit gehabt, bei uns an der Réception zu arbeiten."

Ganz offensichtlich dienen die Fotos, die Fred Schmid-Daporto von Evelyn macht, nicht zum Sprachstudium und auch nicht zur Ausbildung als Empfangsdame. Ausserdem wohnt Evelyn wieder an der Seestrasse 289, im „Artistenheim", wie es Walter Arnold zu nennen pflegt.

Walter Arnold reist nicht allein aus familiären Motiven in die Karibik, sondern übernimmt jeweils auch den einen oder anderen Auftrag für Gogo-Bars und Tanzschuppen. So ist Evelyn bald schon steuerpflichtige Angestellte von Herrn Loew, der das „Basilea" betreibt, zwei Gogo-Bars mit angeschlossenem Hotel an der Zähringerstrasse 25 im Niederdorf.

Schon bei ihrem ersten Aufenthalt in Zürich hatte Evelyn einen jungen Schweizer kennengelernt, der ihr förmlich den Hof machte: Wolfgang Reinhard, ein leitender Angestellter einer grossen Schweizer Versicherungsgesellschaft. Reinhard ist Junggeselle und unternehmungslustig, und während Evelyn wieder bei ihren Eltern in der Karibik weilte, machte er ihr einen Besuch und versuchte, den Kontakt mit ihr aufrechtzuerhalten. Evelyn schrieb ihm ein paar Briefe, teilte ihrem Verehrer aber offenbar nicht rechtzeitig mit, dass sie wieder in die Schweiz komme. Obwohl Wolfgang Reinhard ein gut Stück ihrer Motivation darstellte, überhaupt in die Schweiz zurückzukehren.

Im „Basilea" treffen sich die beiden wieder. Kurze Zeit später wohnt Evelyn bei Wolfgang Reinhard, und das Paar plant zu heiraten. Es passt Wolfgang Reinhard nicht, dass seine Freundin als Gogo-Girl arbeitet, aber er findet sich vorläufig damit ab. So oft als möglich schickt er sie in die Bénédict-Schule, wo sie nun tatsächlich Deutsch lernen soll.

Da ist aber noch jemand, dem etwas nicht passt: Walter Arnold, der plötzlich seine familiäre Verantwortung für Evelyn entdeckt. Da er bei ihr abblitzt, versucht er, Wolfgang Reinhard davon zu überzeugen, dass eine solche Beziehung doch nichts für einen anständigen Versicherungsangestellten, erst recht nicht für einen in leitender Stellung, sei. Reinhard erinnert sich, von Arnold hin und wieder auch bedroht worden zu sein: „Einmal hat er mir sinngemäss gesagt, er habe genug Geld, um ein paar Leute zu engagieren, die mich zusammenschlagen würden." Immer wieder ruft Walter Arnold bei Reinhard an, warnt ihn vor Evelyn, versucht ihn zu überzeugen, dass sie bei ihm, Arnold, viel besser aufgehoben sei. Schliesslich seien sie doch verwandt.

Wolfgang Reinhard scheint Evelyn wirklich zu lieben. „Wir hatten uns gern", sagt er heute. „Wir wollten eine Beziehung aufbauen, die länger dauern sollte." Aber dann kommen plötzlich Briefe von der Fremdenpolizei: Evelyn soll ausreisen. Abschiebung wird angedroht. Solche Massnahmen sind weder in der Bundesrepublik Deutschland noch in der Schweiz aussergewöhnlich: Ausländer, die keine Arbeitsgenehmigung haben oder deren Aufenthalt nicht mehr erwünscht ist, können relativ leicht ausgewiesen werden. Erst recht, wenn, wie in diesem Fall, gute Beziehungen herrschen sollen zwischen dem Generalunternehmer Arnold und der Fremdenpolizei, wie Arnold selbst behauptet.

Evelyn verlässt also Mitte 1980 die Schweiz und geht nach Österreich, wo ihr Fred Schmid-Daporto eine Stelle als Tänzerin vermittelt hat. Im August desselben Jahres kommt sie wieder in die Schweiz zurück, diesmal nach Neuenburg. Schon im September arbeitet sie wieder in Zürich, zunächst bei Loew im „Basilea", dann im „Bossa Nova" an der Langstrasse im Aussersihl. Daneben macht sie Modeschauen. Bis Oktober 1981 arbeitet Evelyn als Gogo-Girl und Vorführdame und verdient nicht schlecht: 3'500 Franken bleiben ihr nach Abzug aller Unkosten monatlich; den grössten Teil des Geldes schickt sie nach Hause, nach St. Kitts. Ihre Beziehung zu Wolfgang Reinhard hat sie gelöst; inzwischen hat sie einen anderen Schweizer kennengelernt.

Walter Arnold entgeht nicht, dass Evelyn Geld verdient, sich eine kleine Wohnung leistet und gut gekleidet ist. Und er, der doch der eigentliche Mäzen der Karriere seiner Fast-Schwägerin ist, erinnert Evelyn daran, dass ihm erhebliche Kosten entstanden sind: Flugtickets, Schulgeld, Verpflegung und Unterkunft an der Seestrasse 289, Kleider und Schulmaterial sowie „Tramabonnemente". Alles in allem runde 15'000 Franken, auf die seit Evelyns Rückkehr in die Schweiz, also von Januar 1980 an, sechs Prozent Verzugszins dazuzurechnen sind, also summa summarum 17'402 Franken. Dies teilt er ihr in einem Brief, den er allerdings erst im Februar 1983 schreibt, mit. Evelyn ist inzwischen verheiratet und hat einen kleinen Sohn. Arnold hält fest: „In der Zwischenzeit haben Sie geheiratet, sodass Ihr Ehemann für Ihren Unterhalt aufkommen muss." Er redet sie jetzt mit „Sie" an, schliesslich geht es nicht mehr um eine familiäre, sondern nur noch um eine Geschäftsbeziehung.

W. Arnold Generalunternehmung

Seestrasse 289
8038 Zürich
Telefon 01-43 62 82

PC 80-59411

Bankverbindung
Zürcher Kantonalbank
8038 Zürich-Wollishofen

Einschreiben

Frau ████████████████
████████████████

8953 Dietikon

Zürich, 24.2.1983

Sehr geehrte Frau ████████████

Wie Ihnen bekannt ist, ist es am 8. März 1983 5 Jahre seither
als Sie von mir am 8. März 1978 in die Schweiz gebracht wurden
zwecks Sprachausbildung.

Wie Sie wissen schulden Sie mir gemäss Rechnung vom 31.1.1979
Fr. 15'500,--. Dies aus meinen Leistungen: Flugbillet Nevis-
Zürich, Flugbillet Zürich-Nevis, Schulgelder, Verpflegung und
Unterkunft, Tramabonnemente sowie Kleider und Schulmaterial,
wie in der Rechnung aufgeführt.

An diese Schuld bezahlten Sie lediglich Fr. 100,-- Akonto zurück,
so dass die Schuld heute noch Fr. 15'400,-- beträgt, zuzüglich
6 % Verzugszins ab 1.1.1980 im betrage von Fr. 2'002,--.
Also beträgt die Totalschuld Fr. 17'402,--.

Ich bedaure sehr, dass Sie mir immer Versprechungen machten, Sie
würden mir weitere Akontozahlungen leisten zur Begleichung der
Schuld. Bis anhin haben Sie nur Fr. 100,-- einbezahlt. Sicher
wäre es Ihnen möglich gewesen grössere Akontozahlungen zu leisten
als Sie als Gogo-Tänzerin arbeiteten.

Sie erklärten mir aber Sie hätten dieses Geld Ihrer Mutter und
Ihrem Vater schicken müssen, da Sie auch dort Schulden hätten.

./.

In der Zwischenzeit haben Sie geheiratet, so dass Ihr Ehemann
für Ihren Unterhalt aufkommen muss. Ich möchte Sie daher ermahnen
mir endlich die Schulden zu bezahlen oder einen annehmbaren
Zahlungsvorschlag zu unterbreiten. Sie erklärten mir anfangs
Februar als ich in der Tambour-Bar zufälligerweise mit Ihnen
zusammenkam, Sie würden mit Ihrem Ehemann sprechen und mir einen
Abzahlungsvorschlag unterbreiten.

Ich habe Ihnen auch noch erklärt, dass ich auf den Verzugszins
von 6 % verzichten würde, wenn Sie bis am 1.3.1983 bezahlen.
Wenn Sie aber bis zum 1.3.1983 nicht bezahlen, so müsste ich
auf einen Kleinkreditzins von 12% beharren, was unsere ur-
sprünglichen Abmachungen waren.

Ich hoffe aber, dass Sie mir bis zum 1.3.1983 das geschuldete
Geld überweisen oder eben einen annehmbaren Abzahlungsvorschlag
unterbreiten.

Sollte ich weder eine Zahlung noch einen verbindlichen Zahlungsvorschlag erhalten, würde ich automatisch die Betreibung eenleiten.
Sie können sich Kosten und Unannehmlichkeiten ersoaren, wenn
ich bis zum 3.3.1983 im Besitze der einen oder anderen Variante
bin.

ZUr Erleichterung lege ich einen Einzahlungsschein bei.

                                    Mit freundlichen Grüssen

                                    (nach Diktat verreist)
Beil. erw.

Walter Arnold hatte nicht einfach nur zugesehen, wie seine kleine Evelyn da plötzlich ein Kind bekam, einen Schweizer heiratete und in eine Kleinstadt umzog, um Mutter und Hausfrau zu werden. Als Evelyn schwanger war, fand er die Adresse und Telefonnummer des zukünftigen Vaters heraus, und, besorgter Verwandter, der er war, telefonierte mit der Mutter des zukünftigen Ehemannes: Was da unterwegs sei, wäre ja mitnichten das Kind ihres armen Sohnes, sondern die Frucht der unseligen Beziehung mit jenem Versicherungsangestellten, die in die Brüche gegangen sei. Ob denn die Mutter ihren Sohn ins gleiche Elend stolpern lassen wolle? Offenbar hatte Arnold keinen Erfolg, denn kurz darauf fand die Hochzeit statt.

So gibt denn Walter Arnold-Butler vorerst auf. Zumindest was die Karriere seiner Fast-Schwägerin angeht. Trotz seiner Einsicht, dass von den vielen Mädchen, die er hatte, die meisten nichts an ihn zahlten, versucht er, Evelyn zu belangen. Er „findet" eine Rechnung, die angeblich vom 31. Januar 1979 stammt, die Evelyn aber nie gesehen hat.

Immerhin hat er in einem anderen Fall mit der Methode beinahe Glück gehabt: Ein Mädchen, das ebenfalls aus der Karibik stammt, und das auf ähnliche Weise wie Evelyn von Arnold „gefördert" wurde, erhielt plötzlich eine von ihr sogar unterschriebene Schuldanerkennung. Aber sie sagte vor Gericht aus, dass sie „Herrn Arnold gleich nach meiner Ankunft einen Packen Papier unterschreiben musste", unter dem sicher auch das eine oder andere Blankopapier gewesen sein könne. Arnold bestritt dies natürlich, aber das Gericht wird ihm wohl nicht glauben. Arnold bestritt auch, das Mädchen zum Geschlechtsverkehr gezwungen zu haben. Oder auch nur dazu, sich anderen Männern anzubieten. Aber das stand vor dem Zürcher Bezirksgericht ja gar nicht

AKNOLEDGEMENT OF DEBTS
****

I, Miss ██████████, born March 2, 1954, from Montserrrat, single, Passport No. 017 516 dated March 5, 1978, British Commonwealth / Montserrat,

confirm to owe Mr. Walter ARNOLD, SEESTRASSE 289, 8038 Zurich following amounts:

- As per final settlement of 10th January 1979 and arrest document of 29th January 1979	SFr. 4'107,70
- Arrest request	SFr. 30,--
- Arrest order	SFr. 89,20
- Our fees for arrest request and order	SFr. 80,--
Total amount:	SFr. 4'306,90

I aknowledge that Mr. Walter ARNOLD is not going so add further expenses or interests, if Miss ██████████ is paying his debts until February 1, 1979.

Would this not be case is Mr. Walter Arnold fre to add an interest of 12 % to the amount from January 10, 1979.

I promess to pay following amount latest untilltheand of the 1st February 1979 SFr. 4'305,90 (four thousand three hundred and six 90/100).

I agree that Mr. Walter Arnold is fre of casting my debt at any employer I work for.

I agree to give mi futher sala/s to pay the debt.

I'll tell Mr. Walter Arnold every time I am working and changing my job or employer by registered letter.

My only account number by the Zürcher Kantonalbank, Wollishofen agency is DC 13702.

I agree today to Mr. Walter Arnold full power up to the extinguisting of the debt of SFr. 4'306,90 and any additional fees and interests and charges if I don't fullfill my agreement. Our rate for extra fees is SFr. 40,-- per hour.

As law-court I aknowledge Zurich.

Zurich, 1st February 1979

Signature:

Walter Arnold
Generalunternehmer
8038 Zürich

Abrechnung für: Miss ███████████

Datum	TEXT	SOLL	HABEN	
2.3.	US ∅ 100.— bar f. Pass etc.	260.—		
7.3.	Airticket	1'780.—		
	Garderoben & Perücke etc.	680.—		
	Essvaren	184.—		
23.3.	K'Kassenbeiträge 2 Mo à Fr. 57.40	114.80		
Bis 30.3.	Bargeld	240.—		
	Zimmermiete März	200.—		
	April	200.—		
	Mai	200.—		
	Juni	200.—		
	Juli	365.—		
	August	365.—		
	September	365.—		
	Oktober	365.—		
29.5.	1. Akontozahlung *Nov*	365.-	500.—	
3.7.	2. do.		1'000.—	
1.8.	3. do. m/Check SKA 1672		1'672.—	
15.8.	Bargeld	170.—		
1.9.	4. Akontozahlung		365.—	
9.10.	5. do.		350.—	
	diverse Telephonate	184.50		
	Umtriebskosten & Verzugszinsen	375.—		
		6'248.30	3'887.—	
	./. I/bisherigen Zahlungen	3'887.—		
	SALDO zu Gunsten Hrn. W. ARNOLD	2'361.30		

Zürich, 31. Oktober 1978 -l

zur Debatte. Da hätte man ja mehr untersuchen müssen als lediglich die Echtheit einer Unterschrift. Und dazu war das Zürcher Bezirksgericht nicht bereit.

Arnold versucht es mit derselben Masche noch einmal. Und Evelyn, die so manches aus ihrer Vergangenheit vergessen möchte, gerät in Panik. Sie geht zu einem Anwalt und lässt Widerspruch („Rechtsvorschlag") einlegen. Am 21. März 1983 schickt ihr die „W. Arnold Generalunternehmung" einen eingeschriebenen Brief:

„Sie haben auf unsere Betreibung Nr. 4864 vom 8. März 1983 ohne Begründung Rechtsvorschlag („Einspruch") erhoben. Wir bitten Sie deshalb umgehend, Ihre Begründung detailliert bekannt zu geben, ansonst wir gezwungen sind, innerhalb von 30 Tagen die Rechtseröffnung vorzunehmen, was für Sie nur höhere Kosten ergibt." Das von Walter Arnold unterzeichnete Schreiben schliesst mit den Worten: „Ich habe Ihnen nun weitere 30 Tage eingeräumt, um diese Angelegenheit gütlich zu erledigen. Ich hoffe, Sie nützen diese Zeit, denn mit einer gütlichen Regelung können Sie viele Kosten und Unannehmlichkeiten ersparen."

Wie gesagt: Walter Arnold-Butler ist nur ein kleiner Fisch, auch wenn er sich „Generalunternehmer" nennt. Hin und wieder kann man ihn sogar auf Baustellen sehen, wo er seinem alten Beruf als Installateur nachgeht und Leitungen und Abflüsse legt. Manchmal ist er unterwegs, in Thailand zum Beispiel, wo er Tänzerinnen aussucht, die er dann zumeist nach Italien vermittelt; die Schweizer Einreisebestimmungen und Aufenthaltsformalitäten sind inzwischen arg hinderlich, um solche Geschäfte in Zürich legal weiterführen zu können. Aber auch zum bundesdeutschen Markt hat Arnold gute Beziehungen.

Und wenn alles nicht hilft, dann wendet sich Walter Arnold-Butler an seinen „Freund, den Herrn Walder". Der ist bei der Fremdenpolizei und weiss immer, was man unternehmen kann, wenn man wirklich gar nichts an den Mädchen verdient. Sagt jedenfalls Walter Arnold. Und der muss es ja wissen.

Zweiter Fall:
„Wie lange möchten Sie das Mädchen
zur Probe haben?"

Eine Hälfte des Doppelhauses in Unterensisheim bei Heilbronn zählt zum „Betriebsvermögen". Der Besitzer, Hans Schlegel, etwas über fünfzig, in Sachsen geboren, handelt nicht nur mit Damen, sondern auch mit Autos aus Fernost. Was er beim Verkaufen seiner japanischen Fahrzeuge gelernt hat, kann er offenbar bei der Vermittlung der philippinischen Mädchen gut anwenden: Nicht nur sein Autohaus, auch die Firma „ASIA-Contact" floriert.

Eigentlich hat Hans Schlegel ein fast entwicklungspolitisch zu nennendes Motiv für seine Tätigkeit: Aus eigener Anschauung weiss er, dass es „die Mädchen auf den Philippinen niemals so weit bringen können"; sie haben nur eine Chance: nach Deutschland zu kommen und einen deutschen Mann zu ehelichen. Und dabei steht Schlegel zu Diensten, assistiert und wohl auch ein bisschen angetrieben von seiner zweiten Frau, einer Filipina, die ihrerseits von einer hilfreichen Nichte auf dem südostasiatischen Archipel unterstützt wird. Diese Nichte betreibt das „Partnerbüro" in Manila, besorgt Flugscheine, vermittelt Pässe und sorgt für die reibungslose „Ausfuhr der Ware".

Seit zwei Jahren läuft das Geschäft schon, und es läuft gut, wenn man Herrn Schlegel glauben will: 700 deutsche Interessenten stehen in seiner Kartei; die Warteliste der Interessentinnen auf den Philippinen ist bedeutend länger. Mehr als 200 Ehen (oder was dafür ausgegeben wurde) sind gestiftet, darunter auch solche, auf die Hans Schlegel besonders stolz ist — zum Beispiel auf die Heirat eines Finanzbeamten, der seine deutsche Frau verlor, als er Rollstuhlfahrer wurde, und der jetzt glücklich mit einer Filipina verheiratet ist. Aber auch andere Kunden, so weiss Schlegel, sind ihm dankbar: Schliesslich sind seine Angebote auch etwas ganz Besonderes.

Wer auf die Kleinanzeigen der Firma „ASIA-Contact" schreibt, kann mit prompter Antwort rechnen. Nach zwei Telefongesprächen ist Bert Laich bereits auf dem Weg nach Heilbronn, um sich das Angebot aus der Nähe anzuschauen.

„Fotos verschicke ich nicht mehr, die bekomme ich doch nie zurück", sagte Hans Schlegel am Telefon. Und schriftliche Angebote wollte er gar nicht erst machen: „Sie wohnen ja gleich in der Nachbarschaft. Kommen Sie doch einfach am Donnerstagabend vorbei. Ich habe wirklich besondere Angebote hier." Auf die Frage des ungläubigen Laich: „Sie meinen, ich kann mir die Damen sozusagen in natura anschauen?", antwortete Schlegel: „Aber natürlich. Und wenn Sie wollen, können Sie auch gleich eine zur Probe mitnehmen."

Bert Laich wundert sich auch im nachhinein noch: „Wenn ich das nicht selbst erlebt hätte, würde ich es nicht glauben." Nach dem Empfang durch die Dame des Hauses wird er ins Wohnzimmer geführt. Beim Small-talk werden die wichtigsten Informationen gesammelt: Alter, Beruf, Einkommen, Sprachkenntnisse, Reisen auf die Philippinen. Bert Laich fühlt sich wie bei einer Prüfung. Dann werden die Mädchen gerufen: Vier junge Damen zwischen 25 und 31 kommen die Treppe aus dem Obergeschoss herunter und werden aufs Sofa gebeten. Die Dame des Hauses lässt Kundschaft und Ware allein.

„Sie waren voller Zuversicht", erzählt Bert Laich, „dass ich eine von ihnen auswählen würde, und dass sie alle den Mann ihrer Träume finden würden. Deutschland war für sie, wie sie wörtlich sagten, das saubere, friedliche, reiche Land der Verheissung."

Hans Schlegel erscheint. Sein Angebot, für das er so bekannt ist, lässt nicht auf sich warten: „Naja, haben Sie sich für eine entschieden? Welche möchten Sie denn mitnehmen? Wählen Sie nur, sagen Sie mir nur, wie lange Sie das Mädchen zur Probe haben wollen." Das gehe in 99 Prozent der Fälle gut: „Dieser erste Eindruck, der ist doch immer noch der beste. Oder haben Sie besondere Wünsche?"

Bert Laich traut seinen Ohren nicht, als Schlegel fortfährt: „Wenn Sie beispielsweise Wert darauf legen, dass das Mädchen Jungfrau ist — da kann ich Ihnen Rebecca empfehlen. Das gebe ich Ihnen schriftlich, sozusagen mit Garantie!" Und Hans Schlegel lacht sich schier zu Tode. „Bei den anderen bin ich nicht sicher, aber ich kann ja mal nachsehen. Oder möchten Sie sich lieber selbst vergewissern?" Laich meint, dafür leider keine Zeit zu haben und verabredet sich mit einer der Damen für den folgenden Sonntagabend zum Essen.

„Mir hat es die Sprache verschlagen", sagt Bert Laich, „noch dazu, weil wir die ganze Zeit in Gegenwart der Mädchen, die natürlich nur Englisch können, Deutsch sprachen. Es war, als sollte ich Vieh kaufen."

Geschäftsbedingungen hat Hans Schlegel für seine Firma „ASIA-Contact" nicht. Jedenfalls keine schriftlichen. Es gilt als abgemacht, dass ein Mädchen maximal für zwei Wochen „ausprobiert" werden kann; die Rückgabe kann ohne Begründung erfolgen, die Probe verpflichtet zu nichts. Auch die Dame hat das Recht, den Interessenten zu verlassen, allerdings müssen in diesem Fall „schwerwiegende Gründe" vorliegen, über deren Zulässigkeit Hans Schlegel selbst entscheidet.

Verläuft die Probezeit erfolgreich, wird die Vermittlungsgebühr fällig — zur Zeit DM 9'600.—, die Hans Schlegel im Detail erläutert. Sein Bruttoverdienst pro Vermittlung betrage

DM 1'000.–; schliesslich habe er neben den Flugkosten auch den Aufenthalt der Damen in seinem Haus zu finanzieren. Allerdings können diese Kosten nicht sehr hoch sein: Fast durchgehend sind drei bis vier Frauen im Obergeschoss des Hauses untergebracht, die natürlich auch im Haushalt mithelfen, und Schlegel rechnet mit allerhöchstens zehn Tagen, bis ein Mädchen zur Probe abgeholt worden ist. Die Filipinas, die Schlegel vermittelt, kommen grundsätzlich ohne konkrete Heiratszusagen nach Deutschland, kennen also weder die Männer, denen sie vorgestellt werden sollen noch die Aussichten, ob ihre Suche nach einem deutschen Ehemann überhaupt erfolgreich verlaufen wird. Man kann davon ausgehen, dass auch keine von ihnen darauf vorbereitet ist, auf eine solche Weise angeboten zu werden.

Die meisten der eingeführten Frauen kommen aus guten Verhältnissen: Schliesslich müssen sie, entgegen den Angaben des Herrn Schlegel, grundsätzlich alle Kosten bis zur Ankunft in der Bundesrepublik Deutschland selbst tragen. Dazu gehört beispielsweise ein Ticket für Hin- und Rückflug, wie es die Behörden verlangen. Den Flugschein müssen die Mädchen nach der Ankunft Hans Schlegel „zur Sicherheit" übergeben. Sobald eine Vermittlung erfolgreich verlaufen ist – was immer man darunter verstehen mag –, reicht Schlegel das unbenutzte Rückflugticket zur Erstattung ein und kassiert das Geld.

Manchmal sind diese „Sicherheiten" auch nötig: Gewisse Kunden lassen sich mit Frauen versorgen, ohne auch nur einen Gedanken an eine gesetzliche Verbindung zu verschwenden – wie jener Prokurist aus Rüdesheim, der in schöner Regelmässigkeit um eine Filipina „zur Probe" bittet, die er dann nach vierzehn Tagen, wie vereinbart, zurückgibt. Vor kurzer Zeit ging allerdings dieses Geschäft, für das

Schlegel jedesmal den doppelten Honorarsatz erhielt, schief. Eine Filipina, die die etwas ausgefallenen Praktiken des Herrn Prokuristen nicht akzeptieren wollte, drohte mit der Polizei. Hans Schlegel musste sie zurückholen. Dennoch brauchte er das Rückflugticket nicht herauszurücken: Seine Frau, die sich als Filipina schliesslich auskennt, konnte ihre Landsmännin davon überzeugen, dass sie es „auf den Philippinen niemals so weit bringen" könne. Ausserdem gäbe es da einen Herrn, Besitzer zweier Restaurants, der brennend daran interessiert sei, sie kennenzulernen.

Tourismus als Beziehungsmarkt:
„Dieses Hotel wird von Junggesellen bevorzugt."

Als im Juli 1984 ein Gericht beschloss, zur Einvernahme von Zeugen im Prostitutionsmilieu nach Thailand zu fliegen, um sich „an Ort und Stelle von den Gegebenheiten zu überzeugen", kannte das wissende Grinsen im deutschen Blätterwald keinen Respekt vor deutscher Gerichtsbarkeit mehr: „Im Bumsbomber zur Zeugenbefragung" war noch eine der milden Überschriften der einschlägigen Berichterstattung. Und nachdem der Vorsitzende Richter Dieter Rünger von einer „strafprozessualen Notwendigkeit" gesprochen hatte, nannte gar das Lokalblatt den geplanten Ausflug nach Bangkok eine „Justizposse".

Wenn auch die Befragung von Zeugen in Bangkok mitnichten eine Posse genannt werden kann, so zeigt doch die Berichterstattung über die Justizentscheidung deutlich, welchen Ruf die Hauptstadt Thailands geniesst – nicht nur bei den Medien. Denn auch die Richter in Hannover, die die Reise nach Thailand beschlossen, beeilten sich, das Unternehmen vom Ruch der Sextour zu befreien: „Das wird eine anstrengende Reise", kommentierte, unfreiwillig mehrdeutig, Oberstaatsanwalt Klaus Ramberg die Fernreise.

Was allen anderen so eindeutig erscheint, gereicht den Reiseveranstaltern nicht zur Einsicht, dass ihre Fernreisen-Angebote „Vermittlung von Unzucht" seien, wie vom „Zentrum für Entwicklungsbezogene Bildung" und von der „Erklärung von Bern" behauptet wird. Angesichts des Vorwurfes stapelten sie tief: „Der Sextourismus ist längst tot", meinte

FERIEN BEI DEN SCHÖNSTEN FRAUEN DER WELT

EINE EXKLUSIV-REISE DER LIFE TRAVEL

Ihr Traum geht in Erfüllung!

Inmitten exotisch schönen und ansprechenden Mädchen entspannen Sie sich unter Palmen und tiefblauem Himmel, umgeben von stimulierendem Meeresrauschen, im herrlichen Sande am Strand von Pattaya.

Kurzum, etwas exklusives für lebenslustige Menschen bis 70, oder auch mehr...!

Sie fliegen nach Bangkok, Transfer nach Pattaya. Zimmer mit landesüblichem Komfort, Swimming-Pool. Beratung und Betreuung durch ortskundige Schweizer Reiseleitung, die Ihre Wünsche entgegennimmt. All dies, was Sie begehren – erotische Mädchen oder Männer, Massagen, Transvestiten-Shows, Dance, gutes und preiswertes Essen, Geldwechsel und vieles mehr.

Aber auch Sportmöglichkeiten wie Windsurfing, Tauchen, Fallschirmschleppen auf dem Meer, Bootsausflüge auf ein Korallenriff und dies alles immer, wie es Ihnen Lust und Freude bereitet, in charmanter Begleitung. Denn Thailands schönste Mädchen warten auf Sie.

Schlank, braun, zart und hingebend erotisch lieben sie den weisshäutigen Mann. Sie sind Liebeskünstlerinnen in natürlicher Wesensart, wie wir Europäer dies nicht kennen.

In entspannter Umgebung geniessen Sie einmal unbeschwerte Liebesabenteuer mit lächelnden Thai-Mädchen. Ein langersehnter Wunsch geht hier in Erfüllung. Lassen Sie sich verwöhnen, denn dort fühlen Sie sich wie im Märchen von «1001» Nacht.

In Pattaya sind die Lebens- und Liebeskosten günstig. Auch andere Einkaufsmöglichkeiten sind für unsere Verhältnisse verlockend und preiswert. Doch weil es Ihnen so gut gefallen wird, werden Sie grosszügiger im Geldausgeben sein. Deshalb bieten wir Ihnen einen NOTGELD-SERVICE für alle nicht kalkulierten Fälle an.

HOTEL
PRINCE
BANGKOK

Das von Junggesellen bevorzugte Standard-Hotel.

Lage: Etwa 1 km von einem der Unterhaltungszentren entfernt.
Standard: Geräumige Lobby, Coffee-Shop und Friseur-Salon. Swimming-pool. Massage. Bar. Das Hotel wird seit vielen Jahren von allein-reisenden Herren und Junggesellen bevorzugt. Ehepaaren und allein-reisenden Damen empfehlen wir daher unsere anderen Häuser in Bangkok.
Zimmer: Einfach eingerichtet, jedoch geräumig und mit Bad/Du/WC, Klimaanlage, Tel., Musikanlage und z.T. mit Balkon ausgestattet.

 UNSER PREISGÜNSTIGSTES ANGEBOT
HOTEL SUNSHINE
PATTAYA

Ein einfaches Standardhotel, das ganz besonders für alleinreisende Herren geeignet ist.

Lage: Zum Strand sind es nur zwei Gehminuten.
Standard: Ein kleines Hotel mit Coffee-Shop. Swimming-pools. Terrasse. Video-Filme, Billard, Computerspiele. Babecue-Abenda.
Zimmer: Teilweise mit großem französischem Bett. Du/WC, Klima-anlage, Musikanlage und Tel. Die Unterbringung kann unter Umständen auch in einem anderen Hotel gleichen Standards erfolgen. Ehepaaren und alleinreisenden Damen empfehlen wir unsere anderen Hotels in Pattaya.

Hotel

R.S.

Bangkok

KUONI ●●○○○○
GEPRÜFT

> **Preise**
> **in separater Preisliste**

Freizügig geführtes, einfaches und sehr beliebtes Stadthotel mit grosser Stammkundschaft.

Lage Zentrale, aber doch ruhige Lage unweit des Grand Palace.

Einrichtung Vollklima-tisiert. Grosszügige Reception, Restaurant, Coffee-Shop, Bar. Schöner Garten mit Swimming-Pool.

Zimmer Einfach, aber mit allem Notwendigen ausgestattet und klimati-siert. Alle Zimmer verfü-gen über Bad/WC und Telefon.

Aus Fernreise-Katalogen: „Neckermann und Reisen" 1984/85 (oben), „Kuoni", 1984/85 (unten).

der Sprecher der „Touristik Union International", Bernd Rimele, auf die Frage von „Spiegel"-Reportern. Gleichwohl hat sich an den Angeboten in den Fernreise-Katalogen der Veranstalter kaum Wesentliches geändert. Mit Schweizer Zurückhaltung kennzeichnet beispielsweise „Kuoni-Reisen", der grösste eidgenössische Fernreise-Veranstalter, ein in Bangkok stadtbekanntes Puffhotel so: „Hotel Manhattan, Bangkok. Ein Mittelklasshotel mit überaus freundlicher Ambiance. Dank seiner Lage eignet es sich vorzüglich sowohl für junge und ältere Gäste als auch für Junggesellen." Über andere Hotels heisst es lapidar und eindeutig, sie seien „freizügig geführte Häuser in idealer Lage". Offenbar sind diese Formulierungen für die englischen Kunden von „Kuoni" nicht deutlich genug: Seit einiger Zeit gibt es einen Spezialkatalog in englischer Sprache, der in London herausgegeben wird und der sich um eindeutige Formulierungen bemüht.

Aber auch folgende Formulierungen sind nach Ansicht der Herausgeber der Dokumentation „Tourismus, Prostitution, Entwicklung" eindeutig: „Dieses Hotel ist seit Jahren ein beliebter Treffpunkt unternehmungslustiger, alleinreisender Gäste" („Hotelplan"). „Das Hotel wird von Junggesellen bevorzugt." „Das Hotel wird seit vielen Jahren von alleinreisenden Herren und Junggesellen bevorzugt. Ehepaaren und alleinreisenden Damen empfehlen wir unsere anderen Häuser in Bangkok." („Neckermann und Reisen", NUR)

Über das Hotel „Sunshine" am Strand von Pattaya heisst es im Fernreisekatalog '84/'85 von NUR: „Die Zimmer sind teilweise mit grossem französischem Bett. Ehepaaren und alleinreisenden Damen empfehlen wir unsere anderen Hotels in Pattaya."

Pech für NUR, dass es fast keine alleinreisenden Damen am

THAILAND

Goldblinkende Tempel und Mönche in safrangelben Roben, leichtgeschürzte Gogo-Girls und Massage-Mädchen in Bangkoks Nightclubs, Marktfrauen, die mit einem Boot voll exotischer Früchte durch die Stadtkanäle rudern, opiumrauchende Bergstämme im Norden, Arbeitselefanten in den Teakwäldern, Billighotels samt Swimming-Pool, weisse Sandstrände und Hummer-Schlemmereien für ein Bettelgeld – all das ist Thailand.

Nachtleben

Massage-Salons

Das älteste Gewerbe ist unübersehbar auch für den Naiv-Touristen und stellt immer mehr die Hauptattraktion östlicher Sinnenreize für den Massentourismus aus dem Westen dar. Ob die vielgepriesene Liebeskunst der um die 500'000 Frauen, die in ganz Thailand als »Masseusen«, sich tatsächlich vom Bordellangebot westlicher Länder unterscheidet, ist fraglich: die sogenannten *Massagesalons* sind nichts anderes als Bordelle. Sie heissen nur deshalb »Massage-Salons«, weil Prostitution offiziell verboten ist in Thailand. Sie nennen sich auch *Massage-Parlour* (seltener auch *Steambath* oder *Turkish Bath*). Die Mädchen warten hinter einer – für sie verspiegelten – Glaswand und gucken meist TV. Sie tragen Nummern, und der Kunde wählt eine aus. Er wird gebadet, gewaschen und tatsächlich auch massiert. Wobei die Mädchen natürlich keine gelernten Masseusen sind. Das kostet 100 bis 250 Bt (pro Stunde), je nach Salon und je nach Mädchen. Was auf die Massage folgt, ist dem Kunden und dem Mädchen überlassen. Es kostet, je nach Salon und Ansprüchen des Kunden, 200 bis 450 Bt, 400 bis 600 Bt für die ganze Nacht. Body Massage ist ebenfalls teurer, vielleicht 350 Bt. Geöffnet sind die Salons meist 18-24 h, Sa bereits nachmittags.

Lesertips

☺ »In Bezug auf Body-Massage im Atami: es ist das grösste und beste am Platz, gehe jedoch erst um ca. 21.30 h hin, und du bekommst um den selben Preis eine Dreiviertelstunde länger – selbst erlebt und genossen« (Heinz Eckharter, Wien).

☺ »Body-Massage ist ein Körpererlebnis, das dir eine neue Gefühlswelt eröffnen kann. Empfehlenswert sind Darling (Soi 12) oder Thermae (Soi 11), Preise um 300 Bt. Einheimische zahlen übrigens nur ab etwa 100 Bt« (Herbie Wertli, Zürich).

☺ »Massagesalons in der Patpong Rd sind nur auf Touristen eingerichtet, daher sehr teuer. Zum empfehlen: Sahara, Rama IV Rd Nähe Dusit Thani Hotel« (Manfred Bott, Lonsee, D).

☺ »Im Grace Coffee Shop suchst du dir unter dem Riesenangebot ein nettes hübsches Mädchen und nimmst sie als Begleiterin mit auf deine Thailandrundreise. Du musst ihr lediglich Bus und Essen extra bezahlen, Hotelkosten hast du ja auch, wenn du alleine wärst. Du hast nun eine wertvolle, Thai und Englisch sprechende Begleiterin, welche dir hilft, eine Menge Geld zu sparen – angefangen vom billigeren Taxi über besseres Essen bis zum Souvenirkauf. Vergiss dabei aber bitte eines nie: diese Mädchen haben auch ein Herz und sind wesentlich besser als ihr Ruf« (Heinz Kräutli, Niederglatt, CH).

Aus: Treichler/Möbius, „Südostasien selbst entdecken".

Strand von Pattaya gibt: Von hundert europäischen Touristen (Schweden, Schweizer und Deutsche liegen einsam an der Spitze der Statistik) sind fast neunzig – Männer. Und natürlich wissen Reisende, die ihren Urlaub in Bangkok, Pattaya oder auf der Insel Phuket buchen, warum sie gerade dorthin reisen. Nicht ohne Hintergedanken stellt NUR seinem Thailand-Programm ein Traktätchen des Renommier-Experten Heinrich Harrer voran:

„Umso wichtiger ist es daher für den Fremden, Rücksicht auf die Gefühle der Einheimischen zu nehmen. Zwar kann man nicht übersehen, dass vor allem in Grossstädten das Alltagsleben westlich beeinflusst ist, Massstäbe und Wertvorstellungen orientieren sich jedoch noch immer an den Traditionen des eigenen Landes."

Dass das Alltagsleben „westlich" beeinflusst ist, befreit die Reiseveranstalter nicht vom Vorwurf, sich an der Werbung für die Prostitution in diesen Grossstädten zu beteiligen. Angesichts der erheblichen Gewinne, die mit solchen Reisen gemacht werden, ist die bei dieser Werbung riskierte Geldbusse in Höhe von DM 1'000.– für eine „Ordnungswidrigkeit nach § 120 Abs. 1 Nr. 2 OWiG" eine Kleinigkeit.

Denn die Sehnsucht deutscher Männer nach fernöstlicher Damengesellschaft ist ein gutes Geschäft – für alle Beteiligten, auch für die, die sich inzwischen klammheimlich ins Geschäft hineingeschmuggelt haben.

Rund die Hälfte aller Heiratsvermittler, die sich auf asiatische Damen spezialisiert haben, sind gleichzeitig Reisevermittler und Flugticket-Händler; und auch die, die nach aussen lediglich als Vermittler zwischen den Herzenswünschen der fremden Partner auftreten, verdienen leicht ein gutes Zubrot, indem sie auch die „übrigen Formalitäten" übernehmen.

Mabuhay Partnervermittlung,
Inh.K. Bouchardt

Das Komfortangebot

○ Ich plane meinen Urlaub für die Zeit
vom   bis

○ Ich beabsichtige meinen Urlaub über Sie abzuwickeln.
Vorher möchte ich aber Ihr neuestes Flugangebot
kennenlernen. Vergessen Sie bitte auch nicht mir
Ihre Vertragshotels in Manila mit Angabe der Preise
zu nennen.

○ Zunächst senden Sie mir monatlich (längstens
3 Monate) jeweils 20 Original-Fotos.

○ Ich möchte selbst mit den Damen in Kontakt treten.

   ○ füge ich bei
   ○ Verrechnungsscheck anbei
   ○ habe ich auf Ihr Konto überwiesen

○ Schreiben ist mir zu lästig, übernehmen Sie das bitte
für mich. Das ist mir die DM...... für das Anschreiben
von insgesamt |von mir ausgewählten Damen wert.

   ○ füge ich bei
   ○ Verrechnungsscheck anbei
   ○ habe ich auf Ihr Konto überwiesen

Das Vollserviceangebot

○ Ja, ich möchte eine Dame aus den Philippinen zu einer
"Probe-Ehe" an meinen Wohnort einladen. Setzen Sie
sich bitte mit den von mir ausgesuchten Damen in
Verbindung. Senden Sie mir dazu schnellstens monatlich
20 Original-Fotos,längstens bis zu 3 Monaten|
Ich füge schon jetzt den Fragebogen mit den Angaben
zur Person bei. Außerdem sind |Fotos von mir beigefügt.

Anzahlung
von

   ○ liegt bei
   ○ Verrechnungsscheck anbei
   ○ habe ich auf Ihr Konto überwiesen

○ Der Restbetrag von DM......... wird erst fällig, wenn
sich eine Dame bereit erklärt hat nach Deutschland
auf eine Probe-Ehe zu mir zu kommen und <u>ich</u> den end=
gültigen Auftrag dazu erteilt habe.
Dieser Betrag wird für die Flugtickets Manila-
Frankfurt-Manila, Erledigung aller Ausreiseformalitäten,
Ausreisesteuer und Besorgung eines Reisepasses
verwendet.

Ihre Geschäftsbedingungen habe ich gelesen und akzeptiere sie.
Ich weiß, daß Ihre Leistungen erst erfolgen können, wenn die
Zahlung dafür bei Ihnen eingegangen ist.

Dazu gehört beispielsweise die Zusendung der „Reisedokumente", darunter das Flugticket, an die „Herzensdame". Würde eine Filipina ihr Ticket in Manila kaufen, müsste sie rund DM 1'500.– mehr bezahlen als der Agent in der Bundesrepublik Deutschland. Der Vermittler schickt also das von ihm besorgte Ticket (Hin- und Rückflug) nach Manila, bezahlt dafür rund DM 2'000.–, berechnet aber den „Lufthansa"-Tarif ab Manila, der auf der Basis von US-Dollar errechnet wird und sich nominell auf fast DM 3'000.– beläuft. Ist die Dame erst einmal in der Bundesrepublik Deutschland, wird das nicht benutzte Rückflugticket zur Erstattung eingereicht; an der Berechnung ändert sich nichts, der Kunde bezahlt den Gesamtpreis. Günter Menger, der in der Branche die Massstäbe setzt, hält an seinen „Vermittlungsbedingungen" fest: „Der aus Sicherheitsgründen mitgebuchte Rückflugschein ist Eigentum von IMTA („Individual Marriage Travel Agency") und muss nach der Eheschliessung an IMTA zurückgegeben werden."

Dazu allerdings lassen es die gewitzten Vermittler möglichst gar nicht erst kommen: Die meisten holen die ankommende Braut gleich selbst am Flughafen in Frankfurt ab und sorgen dafür, dass das Ticket sogleich in die richtigen Hände kommt. „Alle Asiatinnen werden von Menger selbst empfangen, und dann geht es in zwanzig Minuten vom Frankfurter Flughafen ins Haus Asia", schreibt Wolf J. Bütow in seinem Buch „Supermarkt Einsamkeit", das Menger in entsprechenden Auszügen gern seinen Kunden zuschickt, zusammen mit einem Brief Bütows an ihn, in dem unter anderem steht: „Ich hoffe, dass Sie noch im Untergrund Ihres Heimes weiter nützlich tätig sind!"

Dass überhaupt ein Rückflugticket gebucht werden muss, liegt an den Einreisebestimmungen – und manchmal auch an den Ausreisebestimmungen, wie beispielsweise bis vor kurzem auf den Philippinen —, wonach gewährleistet sein soll, dass die bzw. der Reisende jederzeit in der Lage sein sollte, ins Heimatland zurückzukehren. Wie das überwacht wird, erläutert Rita Weyand, Präsidentin der „Deutsch-Philippinischen Gesellschaft" in Mainz: „Gar nicht. Oft wird nicht einmal an der Grenze, also bei der Einreise, kontrolliert, ob die Damen ein Rückflugticket besitzen. Und danach kontrolliert sowieso niemand mehr, was mit dem Rückflugticket passiert." Frau Weyand muss es wissen: Sie ist gleichzeitig Inhaberin eines grossen Reisebüros: „Wir als Reisebüro sind nicht verpflichtet nachzuprüfen, warum unsere Kunden ihre nicht benutzten Rückflugtickets zurücktauschen. Im Gegenteil: Wir müssen das Geld erstatten."

Zum Verdienst, der sich aus dem Rücktausch des nicht benutzten Flugscheins ergibt, kommt noch der offizielle Anteil von neun Prozent des Gesamtpreises dazu, den durchaus auch nicht gewerblichgemeldete Agenturen von den Fluggesellschaften kassieren. Und wenn die Vermittler tüchtig sind, wie Hans Schlegel in Heilbronn („ASIA-Contact"), der damit prahlt, wöchentlich zwei bis vier „Ankünfte" aus Fernost zu betreuen, dann gibt's auch ein bis zwei 25-Prozent-Tickets pro Jahr plus weitere Ermässigungen für Familienangehörige und Freunde des Agenturinhabers — pro Fluggesellschaft, versteht sich.

Die Branche lebt nicht schlecht. Und die Medien sorgen mit scheinbarer Entrüstung dafür, dass sich das Image dieser Länder verfestigt: „Unglaublich! Immer mehr Männer bestellen sich aus fernen Ländern Frauen — — per Katalog. Was früher die Ausnahme war, ist heute fast Routine." („Bunte"); „Ich hab mir eine Frau gekauft" (Serie in „Bild"); „Die Freier sind das Problem, nicht die Mädchen" („Zeit"). Dazu

werden immer wieder barbusige Thaimädchen und mandel-
äugige Filipinas abgebildet, möglichst in „eindeutigen" Si-
tuationen. Auch die „Zeit" macht da keine Ausnahme.

Natürlich können sich die grossen Pauschalreise-Veranstal-
ter unter diesen Umständen vornehm zurückhalten. Das
Image der Länder „steht". Ausserdem sorgen einschlägige
Verlage wie der „Monika Dülk Verlag" in Berlin dafür, dass
keine Neugier unbefriedigt bleibt: „Sie erfahren in diesem
Buch alles über die Prostitution in Thailand, Indonesien, In-
dien, Südkorea, Burma, Taiwan, Sri Lanka, Singapur und auf
den Philippinen." Und der Autor dieser Publikation belegt
die Zuverlässigkeit seiner Angaben auf beeindruckende Weise: „Während der sieben Jahre, die ich mich in Thailand aufgehalten habe, hatte ich Geschlechtsverkehr mit mehr als 500
Prostituierten, davon 457 thailändischen. Ich habe mit vielen
nicht nur einmal verkehrt, sondern mehrmals. Insgesamt
hatte ich ca. 900 sexuelle Kontakte."

Nun mag es die Glaubwürdigkeit solcher Publikationen
nicht gerade erhöhen, wenn man dieselben Texte und Fotos
in verschiedenen Veröffentlichungen unter verschiedenen
Autorennamen findet: Michael Terzieff, Charles Floreal,
Gustav Strobulutz, Erich Schief, Wassely Watzlawski und,
last but not least, „Florian Rosenstiehl" tun sich da rühmlich
hervor. Man ärgert sich vielleicht über die mehrfache Geld-
ausgabe, lässt es aber im Zweifel dabei bewenden. Denn eine
Beschwerde oder gar eine Klage gegen Verlage, Vermittler
oder Veranstalter könnte peinlich sein für den, der sie er-
hebt. Damit rechnen wohl alle am Geschäft Beteiligten, und
die durch solche, möglicherweise rechtswidrigen, jedenfalls
aber vorsätzlichen Manipulationen erzielten Einkünfte sind
sicher erheblich. Sehr viel erheblicher jedoch ist der Schaden,
den solche „Werke" den jeweiligen Ländern zufügen, indem

Abgesehen davon: In Bangkok herrscht keinerlei „Leistungszwang". Niemand ist sauer, wenn Sie nicht gerade bei Laune sein sollten. Die schlitzäugigen Prachthäschen sind auch höchst talentierte „Kuschlerinnen", die alle Schmeichelkünste mit Lippen und Händen aus dem ffff beherrschen. Vielleicht kann Ihre Lieblingspartnerin sogar ein bißchen englisch summsen. Wenn Sie sich ebenfalls ein bißchen Mühe geben und schön langsam daherplaudern, lernt man sich unversehens näher kennen und eventuell sogar so schätzen, daß die aktiven Sympathiebezeugungen noch einen zusätzlichen pikanten Pfeffer bekommen.

Zuerst erkundigt man sich stets nach dem Namen („What's your name?"), nennt seinen eigenen (nur den Vornamen natürlich, denn kein Mensch ist im Schmatzbüffchen an Familiennamen interessiert) und woher man so kommt (oder kommen möchte). Alles geht total unkompliziert zu. Wenn in Mitteleuropa die „Sünde" für sämtliche Beteiligten wie ein dickes Telephonbuch zu Boden plumpst, dann ist im Fernen Osten daraus ein Blütenblättchen geworden. Sex ist die einfachste Sache der Welt. Keineswegs schwieriger als ein Kinobesuch oder ein Fußballmatch.

Aus: Charles Floreal, „Die Freuden von Bangkok".

Nun aber zu den konkreten
Ratschlägen für die Touristen, die aus
vorwiegend sexuellen
Interessen nach Thailand reisen:

1. Heiraten Sie nicht – weder eine Europäerin noch eine Asiatin. Heiraten ist nicht unbedingt notwendig, und es ist auch nicht unbedingt notwendig, ein Leben lang mit ein und demselben Partner zusammenzuleben. Nach den heutigen Scheidungsgesetzen in der BRD gehen Sie nämlich ein großes Risiko ein. Scheidung ist teuer und alles, was danach kommt, auch, insbesondere, wenn Sie Kinder gezeugt haben. So überlassen Sie die Lösung des Nachwuchsproblems lieber der Regierung und kümmern sich selbst eher um die Befriedigung Ihres Sexualtriebes.

2. Wenn Sie trotzdem glauben, heiraten zu müssen, heiraten Sie erst, wenn Sie sich mühelos mit Ihrer Partnerin auf Thai, Englisch oder Deutsch unterhalten können, wenn Sie ihre Familie kennengelernt haben und wenn sich Ihre Partnerin eine gewisse Zeit in Ihrem Heimatland aufgehalten hat und sich sicher ist, daß sie dort länger leben kann. Es ist leicht, als Europäer, insbesondere als Deutscher, eine potentielle Ehepartnerin in Bangkok oder Manila zu finden, weil die meist aus ärmlichen Verhältnissen stammenden Mädchen sich Europa und Amerika als eine Art Paradies vorstellen, in dem alle Leute viel Geld haben, ohne dafür viel arbeiten zu müssen. Daß das Leben und die Arbeit in den industrialisierten Ländern Europas und Amerikas meist viel härter ist als zum Beispiel in Thailand, begreifen sie erst, wenn sie dort für einige Zeit gelebt haben. Immerhin, der Wunsch, einen Europäer zu heiraten, ist groß, auch weil die Europäer als zuverlässiger gelten als die Filipinos oder Thaimänner.

3. Wenn Sie eine Asiatin heiraten wollen oder auch nur an sexuellen Kontakten interessiert sind, lassen Sie sich bloß nicht von dem Geschrei bestimmter Frauenverbände oder anderer Institutionen und Personen irritieren. Deren Motiv ist nämlich der reinste Sexualneid, beziehungsweise der Ärger darüber, daß Sie sich der sexuellen Unterdrückung in ihrem Heimatland entziehen wollen. Sie müssen auch wissen, daß zum Beispiel in der BRD jedes Jahr dreimal soviel deutsche Frauen Ausländer heiraten wie Männer. Haben Sie schon jemals gehört, daß sich darüber irgendein Männerverband aufgeregt hat?

4. Wenn Sie in Thailand aber nicht unbedingt eine Ehepartnerin suchen, sondern sich nur sexuell befriedigen wollen, dann wechseln sie besonders am Anfang Ihre Partnerinnen so häufig wie möglich. Ich möchte nicht geradezu sagen, das steigere Ihre Potenz, weil ich das Wort Potenz im Zusammenhang mit Sexualität nicht sehr passend finde. Zwar kommt es von dem lateinischen Wort „posse" gleich „können" und bezeichnet eigentlich nur Ihre sexuellen Fähigkeiten, es hat aber auch einen Beigeschmack von Macht bekommen, und Machtverhältnisse sollten eigentlich im sexuellen Bereich nicht zum Tragen kommen, sondern lediglich Partnerschaft. Durch häufigen Partnerwechsel lernen Sie aber auf jeden Fall sich selbst kennen, Sie merken langsam, welche ästhetischen Merkmale Sie bevorzugen, welche Wesensmerkmale beim Partner, welche sexuellen Handlungen und dergleichen mehr. Viele Menschen wissen auf Grund mangelnder Erfahrungen gar nicht, was sie eigentlich wollen.

Außerdem lernen Sie verschiedene Sexualpartner kennen mit ihren unterschiedlichen Wünschen und Verhaltensweisen und lernen im besten Fall, sich darauf einzustellen. Nach meinen Erfahrungen macht häufiger Partnerwechsel toleranter gegenüber ungewohnten Verhaltensweisen.

Der Partnerwechsel bringt manchmal insofern Probleme mit sich, als die alte Partnerin aus Enttäuschung Eifersuchtsszenen veranstaltet. Freundlichkeit, Geduld und ein gewisses Maß an Diplomatie helfen Ihnen dabei aber meistens gut über die Runden. Werden Sie Ihrerseits niemals laut oder unfreundlich.

5. Wenn Sie gegen Bezahlung mit einem Thaimädchen verkehren, glauben Sie nicht, Sie hätten es gewissermaßen wie eine Sklavin gekauft. Sie haben lediglich für einen bestimmten Zeitraum ihre sexuellen Dienstleistungen gekauft. Das heißt, Sie können von dem Mädchen nicht alle Handlungen verlangen, die Sie vielleicht gern mögen, sondern müssen sich auf das einstellen, was das Mädchen Ihnen bieten kann. Sie lecken Ihrem Chef zu Hause ja auch nicht den Arsch ab, bloß weil er Ihnen Ihr Monatsgehalt gibt.

6. Lassen Sie sich Zeit bei Ihren sexuellen Kontakten und genießen Sie sie. Die Eile, zu der man meistens von deutschen Prostituierten angetrieben wird und die die meisten Männer dann auch „impotent" macht, ist in Thailand nicht vonnöten.

Aus: Michael Terzieff, „Sex in Fernost".

sie ihr Image als „Bordelle der Welt" verfestigen.

„Es gibt einen Zusammenhang zwischen Tourismus und Prostitution", stellte Georg F. Pfäfflin vom „Zentrum für Entwicklungsbezogene Bildung" im September 1984 an einem UNO-Kongress in Wien fest. „Und wir behaupten, dass Tourismus die Prostitution fördert."

Da fragt man sich natürlich, warum weder „Neckermann und Reisen" noch die „Touristik Union International" noch der „Monika Dülk Verlag" in Berlin noch irgendeiner der Heirats-, Briefwechsel- und sonstigen Vermittler je wegen des einschlägigen Paragraphen 120 des OWiG zur Rechenschaft gezogen worden sind, obwohl es, wie es in einem juristischen Kommentar eindeutig heisst, „gleichgültig ist für die Erfüllung des Tatbestands der Prostitutionswerbung, ob die Werbung in anstössiger Weise oder nur in 'verbrämter' Form vorgenommen wird, ebenso ob eigene Interessen verfolgt werden oder nicht." Darüberhinaus ist es „ebenso unerheblich, ob für eine Prostitution im Inland oder im Ausland geworben wird."

Kommt es tatsächlich zu Verhandlungen gegen Reiseveranstalter oder Reisevermittler, so liegen zumeist andere Tatbestände vor, die nicht weniger gravierend sind. Solche Betrügereien, wie beispielsweise im Fall eines Reisebürokaufmanns, der sein „Asien-Flug-Service"-Reisebüro zunächst in Stuttgart und dann in Essen betrieb, werden jedoch deshalb nur selten bekannt, weil sich die Geschäfte sowohl von der Abrechnung her als auch vom moralischen Standpunkt „in einer Grauzone" abspielen, wie es ein Staatsanwalt formulierte. Der „Asien-Flug-Service" vermittelte allein innerhalb eines Jahres über 600 Buchungen für Flüge in die Philippinen und nach Thailand. Der Umsatz betrug nach den Akten des Gerichts rund eine Million DM; nur DM 62'570.–

wurden als Gewinn ausgewiesen. Erst die Beschwerden von schliesslich 34 Kunden deckten auf, dass Geschäfte von mindestens DM 127'000.– nicht ordnungsgemäss abgewickelt worden waren. Der Inhaber, der offenbar auf die „Grauzone" auch seiner Kunden gehofft hatte, wurde wegen Betrugs zu zwei Jahren und drei Monaten Freiheitsstrafe verurteilt. Was mit den Frauen geschah, die von den Kunden regelmässig in die Bundesrepublik geholt worden waren, stand vor Gericht nicht zur Debatte.

Internationale Verbindungen:
Handel kennt keine Grenzen

„Denkst du, ich will mir eine Kugel durch den Kopf jagen lassen?" Der kleine Zuhälter an der Langstrasse im Zürcher Stadtviertel Aussersihl beisst sich gerade rechtzeitig auf die Zunge. Nein, über Fredy Schönholzer sagt er nichts. Auch wenn er schon ein paar Mal vom schönen Fredy reingelegt worden ist. Schliesslich hat er immer noch ganz gut verdient: „Für eine gute Alte aus Thailand kannst du immer noch zwanzigtausend und einen Chevy verlangen." Ein Chevy, das ist ein feiner Chevrolet, letztes Baujahr; zwanzigtausend, das sind Schweizer Franken; und eine gute Alte, das ist eine, die „gute" Papiere hat — am besten eine Ehebescheinigung, ausgestellt auf einen Schweizer Namen.

Der kleine Zuhälter hat eine Thailänderin im Angebot. Nicht zum Verkauf, sondern nur so, für die schnelle Nummer. „Sie macht es gut, ganz anders als die Nutten hier, viel sanfter, viel gehorsamer. Die widerspricht dir nicht." Er hat sie selbst geholt, in Pattaya, und sie brauchte nicht mehr viel zu lernen. Mit den anderen fünf Thaifrauen, die er an zwei Discos im Aussersihl vermittelt hat, war es schwieriger. Man musste ihnen erst mühsam beibringen, wozu sie ins glitzernde Zürich geholt worden waren.

Seine „private" Dirne hat er gleich zu Beginn geheiratet. „Da bleibt dir nichts anderes übrig", meint er resigniert. „Da läuft heute nichts mehr ohne den Schein. Oder du musst viel Geld und gute Connections haben, dann kannst du ins richtig grosse Geschäft einsteigen." Er verkneift sich den Hinweis auf Fredy Schönholzer, der dem Zürcher Steueramt 1984 ein Reinvermögen von 1'347'000 Franken gemeldet hat. Und er erwähnt auch die Hell's Angels nicht, deren Zürich Chapter gerichtsnotorische Verbindungen mit dem Hamburg Chapter hat: Gibt es also doch den Frauenhandel im grossen grenzüberschreitenden Stil?

Der kleine Zuhälter, der mit einer Thaifrau verheiratet ist und ansonsten nur noch zwei weitere „Pferdchen" hat, beide mit Schweizer Staatsangehörigkeit, kommt dennoch auf seine Kosten. Bis zu 500 Franken kann er, bei guter Geschäftslage, täglich von seinen Dirnen kassieren. „Aber das grosse Geschäft, das besteht im Abkassieren und Investieren."

Genau 312 „bordellartige Betriebe" gibt es 1984 in Zürich, dazu 22 Sexshops und sieben Pornokinos. Registriert sind 2'353 Prostituierte, tatsächlich sollen es rund 1'000 mehr sein. Im Jahr 1980 waren 52 „farbige" Dirnen angemeldet, 1983 sind es schon 174. Und alle, Prostituierte, Pornokinos, Sexshops und die „bordellartigen Betriebe", können schnell unter den „Schutz" der verschiedenartigsten Geschäftemacher geraten.

Da sind zunächst die Stenzengangs, die Zuhälterbanden, die sich nicht mehr nur mit der individuellen „Haltung" von Prostituierten abgeben, sondern möglichst langfristig das grosse Geld machen wollen. Sie „beschützen" ganze Strassenzüge, entweder auf eigene Kappe oder im Auftrag anderer, diskret operierender Schreibtischtäter. Da gibt es beispielsweise die „Araber", zu denen Jo, Philipp, Rocco und Zaid gehören, die im Zürcher Niederdorf „arbeiteten". Ganz offensichtlich nicht allein: Der „Tages-Anzeiger" berichtete Anfang 1984 von einem achtköpfigen „Volkstribunal", das sich auf bestialische Weise an einer stadtbekannten Prostituierten verging; zwei Tage lang wurde sie mit Schlagstöcken, Stahlruten, Messern und Peitschen auf eine Art misshandelt, die „selbst abgebrühte Milieufiguren erschaudern liess", wie der „Tages-Anzeiger" schreibt. Drei Tunesier, drei Marokkaner und zwei Schweizer Dirnen wurden als Tatverdächtige verhaftet. Dabei sei diese „Brutalisierung des Milieus", wie der Zürcher Stadtpolizeisprecher Hans Holliger erklärte, keine neue Entwicklung.

Er mag das auch im übertragenen Sinn so formuliert haben. Denn die eigentliche „Brutalisierung" findet im ansonsten hochwillkommenen Kommerz statt, da, wo man „investiert", wie es der kleine Zuhälter genannt hat.

Ein Beispiel für viele: Fredy Schönholzers Ehefrau, die sich im Milieu „Domina Amara" nennt, an der Rotwandstrasse 66 arbeitet und sich auf „Sklaven, Zöglinge sowie SM-Freunde" spezialisiert hat („Da ich über besteingerichtete Räume verfüge sowie über einen gynäkologischen Stuhl, ist also sehr vieles möglich, um Ihre geheimen Wünsche zu erfüllen"), kaufte 1983 das Haus Dienerstrasse 20. Kurz darauf kündigte sie den drei Mietern und beauftragte anschliessend die „Geneba Immobiliengenossenschaft" mit der Verwaltung ihrer Liegenschaft. Interessant an dieser Operation sind zwei Details: Dass nämlich „Domina Amara" von 1980 bis 1983 ein Reineinkommen von nur 45'000 Franken jährlich versteuerte und „null" Reinvermögen nachwies, also eigentlich kaum die Mittel haben konnte, um ein Mehrfamilienhaus zu kaufen; und dass der Präsident der „Geneba"-Verwaltung Fredy Schönholzer heisst. Unnötig zu sagen, dass auch die Liegenschaft Rotwandstrasse 66 Fredy Schönholzer gehört. Wenn man sich die Liste der Hausverwaltungen im Aussersihl ansieht, stösst man immer wieder auf den Namen „Geneba". Neben der Dienerstrasse 20 werden die Dienerstrasse 45 und 53, die Hohlstrasse 189 und einige weitere Immobilien im Aussersihl verwaltet, – alle dadurch gekennzeichnet, dass man dort einschlägige Massagesalons, die sogenannten „bordellähnlichen Betriebe", findet.

Aber nicht nur Leute mit dem eindeutigen Ruf des Fredy Schönholzer bevölkern die „brutale" Szene: Da ist auch, wie die Bürgerinitiative „Inneres Aussersihl" genüsslich anführt, der ehemalige Schweizer Bob-Olympia-Sieger René Stadler engagiert (Rotwandstrasse 66), da verdient der renommierte Bauunternehmer Werner Bleiker aus dem feinen Vorort Uitikon an Massagesalons an der Neufrankengasse 14, und da gehörte ein Leitender Krankenhausarzt, der Urologe Dr. med. Friedrich Pupato, zu den Hausbesitzern (Marmorgasse 8), die ihre Mietzinse dank der Unzucht anderer verdienten.

Dabei gibt es gegen diese Art von „Brutalität" längst einen Paragraphen im Schweizer Strafgesetzbuch: den Artikel 209 StGB, der da lautet: „Der Vermieter, der in seinen Mieträumen gewerbsmässige Kuppelei duldet, wird mit Haft oder Busse bestraft." Nach einer Initiative der Gruppe „Inneres Aussersihl" müssten eigentlich rund 130 Liegenschaftsbesitzer im Aussersihl demnächst vor dem Kadi erscheinen, weil sie genau damit ihr Geld verdient haben: mit der Duldung von Unzucht in ihren Mieträumen.

Die Frage der „Duldung" scheint aber nicht anzustehen. Denn ganz offenbar haben die Zürcher Polizei und die Staatsanwaltschaft einen bemerkenswerten Respekt vor den gutverdienenden Besitzern und Verwaltern im Stadtkreis 4. Viele von ihnen würden ungerecht behandelt, wenn man sie lediglich der Duldung dieser Bordelle bezichtigte: Die meisten sind aktiv daran beteiligt.

Besonders erfolgreich im Stadtkreis Aussersihl sind die „Mathis AG" („Generalbau") und die „Fibesta AG". Zum Besitz der „Mathis AG" und zur Verwaltung der „Fibesta

AG" gehören beispielsweise die Liegenschaften Brauerstrasse 27 und Kanonengasse 9 – letzteres ein schäbiges Appartementhaus mit mindestens sieben sogenannten Salons, deren schnell wechselnde Mieterinnen selbstverständlich auf eigene Rechnung arbeiten. Alles andere wäre ja ungesetzlich.

Auffällig ist, dass viele der Salondamen aus Asien und aus der Karibik stammen, und dass in ihren Personalpapieren oft Schweizer Familiennamen verzeichnet sind. Der Hintergrund ist klar: Nur durch die Heirat mit einem Schweizer Staatsbürger können die Mädchen längerfristig in der Schweiz leben und arbeiten; sie erhalten mit der Heirat sofort die Schweizer Staatsbürgerschaft – und behalten sie auch, wenn sie sich anschliessend scheiden lassen.

Da es im Aussersihl ganz offenbar keine Dienstleistung gibt, die nicht mit Geld erkauft werden kann, gibt es inzwischen auch gute Angebote für unverheiratete Männer: Zwischen 5'000 und 25'000 Franken kann man verlangen, wenn „Mann" sich für eine Heirat zur Verfügung stellt. Noch einträglicher ist das Geschäft, wenn man die Verbindung auch nach der Scheidung aufrechterhält, der ehemaligen Ehefrau ein Appartement mietet und tagtäglich bei ihr vorbeigeht. Zwar sind die Appartement-Mieten im Aussersihl nicht gerade billig, aber nach Abzug aller Unkosten kann „Mann" immer noch gut und gern 10'000 bis 15'000 Franken monatlich verdienen.

Die Mieten sind nicht zufällig hoch. An der Dienerstrasse 51 beispielsweise zahlen die Damen für eine Dreieinhalb-Zimmer-Wohnung 3'000 Franken monatlich. Im Nebenhaus kostet dieselbe Wohnung 2'500 Franken. Vor ein paar Jahren betrug der Mietzins in beiden Häusern noch weniger als ein Zehntel der heutigen Miete. Aber damals wohnten hier auch nur Familien, die in ihren Wohnungen keinem Gewerbe nachgingen. Beide Häuser sind zwar weiterhin als Wohnhäuser ausgewiesen und ihre Vermietung zu Gewerbezwecken ist strafbar; dennoch bietet ein halbes Dutzend gefälliger Damen ihre Dienste in diesen Liegenschaften an. Verwalter beider Häuser: die „Geneba Immobiliengenossenschaft". Präsident der Verwaltung: Fredy Schönholzer.

Das Thema Liegenschaften im Zürcher Stadtkreis 4 ist brisant. Nicht nur deshalb, weil in diesem Viertel hinter dem Bahnhof so viele Ausländerinnen arbeiten: An der Feldstrasse 46 werden „Siam-Massagen" angeboten, an derselben Strasse, Hausnummer 141, gibt es den Salon „Nairobi", an der Magnusstrasse 4 lädt das Etablissement „Siam Honey Bee" zur „Thai-Body-Schaummassage", für die gleich zwei Thaimädchen zur Verfügung stehen; auch an der Kanonengasse 15 erfüllt ein „hübsches Thai-Girl" im „Salon First Class" alle Wünsche: Body-Massage, Feinmassage, GV und 69. An der Hohlstrasse 25 sind es Mädchen aus Thailand, an der Hohlstrasse 47 Mädchen aus Puerto Rico, die ihre Dienste für Männer mit ausgefallenen Wünschen anbieten. Und an der Rotwandstrasse 66 arbeitet neben Fredy Schönholzers Ehefrau „Domina Amara" ein „Young Thai Girl" mit Schweizer Familiennamen unter dem Titel „Siam Cat". Dieses Haus scheint im übrigen so ergiebig zu sein, dass tatsächlich sieben verschiedene Besitzer sich das Eigentum teilen: Stockwerk für Stockwerk, Zimmer für Zimmer.

Wie gesagt, das Thema Liegenschaften ist brisant. Auch deshalb, weil es dabei um Geld geht, um viel Geld. Vor einem Jahr beauftragte der Zürcher „Tages-Anzeiger" einen freien Journalisten mit Recherchen zu diesem Thema; nachdem dies jedoch in der Szene bekanntgeworden war, hatte plötzlich niemand mehr Interesse an der Enthüllungsstory. Weder der Journalist noch der „Tages-Anzeiger". Die Story ist nie erschienen.

Dennoch werden immer wieder Details bekannt, die das bürgerlich-scheinheilige Zürich („grandios und beklemmend" nennt „Der Spiegel" die Stadt) charakterisieren: Da zeigt ein Friseur beim Haareschneiden nicht nur Pornofilme, sondern vermietet auch gleich einige Räume seines Hauses an zwei „Masseusen". Da gibt es Gruppensex, dreimal die Woche, den man mit Kreditkarte bezahlen kann. Und da gibt es „Masseusen" und andere Dirnen in einem Haus des Altherrenverbandes einer Studentenverbindung.

Aber das eigentliche Geschäft findet seit kurzem auf ganz anderer Ebene statt, mit noch grösserem Verdienst und noch besseren internationalen Verbindungen: Wo bisher „nur" Mädchen aus aller Welt käuflich zu erwerben waren, gibt es heute auch Kokain und Heroin zu kaufen. Wer in Zürich kein Geld macht, ist offenbar selbst schuld.

Der internationale Handel mit Frauen und Rauschgift findet aber nicht nur in der gutbürgerlichen Schweiz seine Kunden, sondern natürlich auch in der Bundesrepublik Deutschland. Und es sind nicht nur jene sanften Thaifrauen, die immer wieder gerühmt werden, sondern längst auch Frauen aus der Dominikanischen Republik und von anderen Karibik-Inseln, und auch solche aus Schwarzafrika, aus Ghana zum Beispiel.

Die Journalistinnen Susanne Bittorf und Helga Heyn berichten beispielsweise über West-Berlin: „Hier leben weit über tausend Prostituierte aus Asien, Schwarzafrika und Lateinamerika. Die genaue Zahl ist den Behörden nicht bekannt. Die meisten Frauen haben keine Aufenthaltsgenehmigung. Sie sind bei den Gesundheitsbehörden nicht registriert: Prostitution von Ausländerinnen ist in West-Berlin ebenso wie in der Bundesrepublik illegal. Im Strassenbild Berlins tauchen die Frauen fast nicht auf. Sie arbeiten, wohnen und leben in Sauna-Clubs und Privat-Salons. Ausser zu ihren Zuhältern und zu ihren Kunden haben sie kaum Kontakt zur Aussenwelt."

Von den Berliner Polizeibehörden erfahren die beiden Journalistinnen, wie der Handel international organisiert ist: „Internationale Zuhälterorganisationen heuern Frauen in Ghana an, besorgen ihnen einen – meist gefälschten – Pass und ein Flugticket der sowjetischen Fluggesellschaft 'Aeroflot' nach Ost-Berlin. Ein Visum ist in diesem Fall nicht nötig: die Ghanaerinnen sind für die Ostberliner Behörden nur Transitreisende in den Westen. West-Berlin ist stolz darauf, eine freie Stadt zu sein – wer aus dem Osten kommt, kann ungehindert passieren. Am Grenzübergang, zum Beispiel Berlin-Friedrichstrasse, werden die Frauen aus Ghana von ihren 'Betreuern', den Geschäftspartnern der afrikanischen Agenten, in Empfang genommen. Dann werden sie an ihren Arbeitsplatz gebracht: in Saunas, Bars und Eroscenters."

Die Berichte von solchen internationalen Mädchenhändlern, so detailliert sie oft waren, haben bisher kaum Wirkung gezeigt: In Frankfurt beispielsweise hat es lediglich einen einzigen Prozess gegen eine internationale Zuhälterorganisation gegeben, die lateinamerikanische Frauen illegal in die Bundesrepublik Deutschland schleuste. Die Angeklagten wurden zu sechs bis acht Jahren Gefängnisstrafe verurteilt. Das war 1977. Seitdem, so ein Kriminalbeamter, den die beiden Journalistinnen zitieren, werden auch weiterhin fast täglich Frauen aus Thailand und aus anderen Ländern der Welt nach Deutschland gebracht und mehr oder weniger freiwillig der Prostitution zugeführt und ausgebeutet.

„Ob freiwillig oder gezwungen", schreiben Susanne Bittorf und Helga Heyn weiter, „die Polizei ist in diesen Fragen auf die Aussagen der Frauen angewiesen. Nur dann kann sie den

Tatbestand des Frauenhandels nachweisen." Und die Journalistinnen bedauern: „Aussagen aus dem 'Milieu' bekommen die fünf Mitarbeiter des West-Berliner Kriminalkommissariats 13 nur selten." Strafverfolgung ist immer noch die Ausnahme.

Das gilt auch für die Schweiz, obwohl die mangelhafte Tätigkeit (oder Untätigkeit) der Behörden durchaus nicht nur auf mangelnde Aussagen „aus dem 'Milieu'" zurückzuführen ist, wie das Beispiel eines Betroffenen zeigt, der — als Schweizer — auf eine international operierende Bande hereinfiel.

Als Theodor Kessler, wohnhaft in der Gemeinde Mühlehorn am malerischen Walensee, von einem bekannten Schweizer Heirats- und Adressen- und Ticket-Vermittler die Zusage bekam, dass es mit der von ihm gewünschten „Zukünftigen" klappen würde, zögerte er nicht mehr.

Seit Jahren war er auf der Suche nach einer neuen Frau gewesen, und seine wenigen Besuche auf den Philippinen hatten ihn überzeugt: Jetzt, da er Rentner war, wollte er ein neues Leben anfangen, eines, in dessen Mittelpunkt eine Frau aus Asien stehen sollte, am liebsten eine von den Philippinen. So stiess er auf die Agentur, die sich auf die Vermittlung von Asiatinnen spezialisiert hat, bat um ein Angebot, wählte aus der offerierten Fotoauswahl eine Dame aus und liess sich ein Ticket ausstellen: Zürich–Manila, Manila–Zürich.

Sein Haus hatte Theodor Kessler bereits verkauft, und er hatte sowieso immer sehr sparsam gelebt. Ausserdem sollte die ganze Angelegenheit rund gerechnet nicht mehr als 10'000 Franken kosten — für seine eigene Reise und für das Rückflugticket seiner zukünftigen Frau. Dem Glück stand eigentlich nichts mehr im Weg.

Aber dann geschahen in Manila seltsame Dinge. Widersprüchliches wird da von den verschiedenen Zeugen berichtet, und heute, zwei Jahre nach der Affäre, scheint niemand mehr sonderlich daran interessiert zu sein, diese Widersprüche aufzuklären. Am Ende der verwickelten Story steht jedenfalls Theodor Kessler, Rentner aus Mühlehorn am Walensee, auf dem internationalen Flughafen von Manila und ist verheiratet mit einer Filipina, die wir Jenny nennen wollen. Jenny war allerdings nicht die Dame, die sich Herr Kessler aus dem Fotoangebot ausgesucht hatte.

Irgendwann während seines Manila-Aufenthaltes muss Theodor Kessler in der philippinischen Bar mit dem schönen, vertrauenerweckenden Namen „Swiss Matterhorn" gewesen sein und dort die Bekanntschaft zweier Herren gemacht haben, die sich als äusserst hilfreich erweisen wollten. Jack und Hugo Riemle – so wurden sie später vor Gericht genannt (denn die Sache hatte tatsächlich ein gerichtliches Nachspiel, wenn auch ein fast satirisches) – die Herren Riemle also boten Herrn Kessler an, ihn bei seiner Suche nach einer neuen, treusorgenden Ehefrau zu unterstützen, und sie hatten auch sehr viel Verständnis dafür, dass ein älterer Herr, wie es Herr Kessler ja war, eine besonders liebevolle und rücksichtsvolle Ehefrau brauchte.

Theodor Kessler heiratete Jenny, die ihm schon bald von den Herren Riemle angeboten und sehr empfohlen wurde, gleich an Ort und Stelle. Um Trauzeugen brauchte er sich nicht zu sorgen: Die Herren Riemle liessen ihren Kunden nicht im Stich – und wohl auch nicht aus den Augen. Denn Theodor Kessler erinnert sich später: „Wir waren auf dem Rückflug in die Schweiz, und ich musste feststellen: Im gleichen Flugzeug reisten die beiden Zuhälter mit!" Und Herr Kessler stellte noch etwas fest: Die beiden Herren schienen sich weitaus besser mit seiner Ehefrau verständigen zu können als er. Ununterbrochen steckten sie die Köpfe zusammen, erinnert er sich. Während des langen Fluges von Manila nach Zürich reifte in ihm denn die Erkenntnis: Er war hereingelegt worden. Die beiden Herren hatten wohl dafür sorgen wollen, dass eine nette Filipina nach Europa reisen und auch gleich dortbleiben konnte; und die nette Filipina, seine angetraute Frau, die eine lange Liste von Adressen in der Schweiz und in der Bundesrepublik Deutschland in der Handtasche mit sich führte, war nicht die treue Ehefrau, die er sich erhofft hatte.

Theodor Kessler handelte schnell und endgültig: Auf dem Flughafen Zürich-Kloten übergab er seine Frau der Polizei und zeigte auch gleich die beiden Zuhälter an.

In Mühlehorn angekommen, wollte er sofort die Scheidung einreichen. Aber da zeigte sich, wozu die Schweizer Gesellschaft fähig ist. Und die Satire begann.

Als Frau Kessler hatte Jenny die Schweizer Staatsbürgerschaft, und als geschiedene Frau Kessler, die sie nach dem Willen des Herrn Kessler baldmöglichst werden sollte, hätte sie nicht nur Aufenthalts- und Arbeitsrecht in der Schweiz behalten, sie hätte auch – wie jede Schweizer Bürgerin und jeder Schweizer Bürger – öffentliche Fürsorgeleistungen (Sozialhilfe) beantragen können, weil sie sich ja in einer Notlage befand: ohne Beruf, nur wenig Geld, keine Wohnung. Für die Fürsorge wäre aber die Gemeinde Mühlehorn zuständig gewesen, der es vielleicht egal war, ob die geschiedene Filipina namens Kessler das Schweizer Bürgerrecht behielt, der es aber keinesfalls egal zu sein schien, ob sie dieser Dame Unterstützung zahlen musste oder nicht.

Statt eines Scheidungsverfahrens, das Theodor Kessler einleiten wollte, strengte nunmehr die Gemeinde Mühlehorn ein Verfahren an – zur Nichtigerklärung der Ehe zwischen Jenny und Theodor Kessler. Begründung: Die Ehe der beiden frischvermählten Eheleute sei nie vollzogen worden.

Man kann sich das Verfahren, zu dem Theodor Kessler als der betrogene Ehemann eigentlich gern die Presse hatte einladen wollen, lebhaft vorstellen. Hinter verschlossenen Türen, denn darauf bestand schliesslich die Gemeinde Mühlehorn als Klägerin, wurde darüber verhandelt, ob es zwischen Theodor und Jenny Kessler so etwas wie eine Ehe gegeben habe. Und plötzlich schien es fast, als habe Theodor Kessler sich zu verantworten: Hatte er möglicherweise Jenny mit der Absicht in die Schweiz geholt, mit ihr „Geschäfte" zu machen? War also die Ehe nur pro forma geschlossen worden, um diese Geschäfte zu ermöglichen?

Es wurden Zeugen geladen und vernommen – einschliesslich der ehemaligen Haushälterin Theodor Kesslers, die es der Gemeinde Mühlehorn gar schriftlich gab: „Theodor Kessler hat nie eine Scheinehe eingegangen. Als er diese Frau geheiratet hat, liebte er sie wirklich. Er hatte keine Ahnung, dass seine Frau ihm etwas vorgemacht hatte, um in die Schweiz zu kommen." Aufgrund der Zeugenaussagen galt als erwiesen, dass nicht nur die Gemeinde Mühlehorn, sondern auch der geprellte Ehemann zu den Geschädigten zu zählen war.

Vorläufiger Schlussstrich unter der Satire: Die Klage der Gemeinde, die Ehe zwischen den Eheleuten Kessler für nichtig zu erklären, wurde zurückgezogen. Einer Scheidung stand nichts mehr im Wege. Und da Jenny die freundliche Gemeinde am Walensee sogleich verliess und sich in einer anderen Kleinstadt ansiedelte, kam die Gemeinde Mühlehorn darum herum, die Unterstützung zu zahlen, derentwegen sie das ganze Theater veranstaltet hatte.

Die Hintergründe der Geschichte wurden jedoch nie aufgedeckt. Über die Anzeige gegen die Zuhälter wurde der Mantel tiefen Schweigens gebreitet. Die Zusammenhänge zwischen den dramatischen Begebenheiten wurden also nie geklärt. Warum eigentlich nicht? Lag es am Alter des Herrn Kessler? Wollte man dem schon kränkelnden Mann weitere Prozesse nicht zumuten? Oder wollte man vielleicht den Sohn des Herrn Kessler schonen, der seinem Vater als Rechtsanwalt bei der Nichtigkeitsklage beigestanden hatte, die für den alten Herrn beinahe böse ausgegangen wäre? Dieser Sohn ist immerhin ausserordentlicher Bezirksanwalt in Zürich, also noch nicht gewählt. Und die Wahlen stehen demnächst vor der Tür.

Andere Fragen bleiben ebenfalls offen: War die Aktion der beiden Schlepper eine einmalige Geschichte? Welche Rolle spielte das bekannte Schweizer Vermittlungsinstitut? Wer sind die Herren „Riemle"?

Schon Anfang 1982 hatte der damalige Schweizer Botschafter in Manila, J.R. Gaechter, in einem Schreiben an das „Bundesamt für Ausländerfragen" von einem gewissen „Hugo" berichtet, bei dem es sich um „Hugo Ernst Riebli, geb. 7. Juni 1946, Bürger von Giswil/OW handeln" müsse, und den er in seinem Brief vom August 1981 bereits erwähnt habe:

„In Manila werden die Mädchen von Herrn Hugo Ernst Riebli rekrutiert. Herr Riebli, ursprünglich Koch, ist einigermassen fest bei einem Restaurationsbetrieb angestellt, jedoch ziemlich unstet und eine nicht sehr einladende Persönlichkeit. Er wurde kürzlich zu einer Besprechung eingeladen und gab dabei offen zu, in diesem Jahr noch mindestens rund 25 Mädchen in die Schweiz zu schicken, da er 'diesen eine Chance geben wolle'." Da der Brief des Botschafters von

Ende August datiert, kann man ausrechnen, wievielen Mädchen Hugo Ernst Riebli in jenem Jahr in der Schweiz „eine Chance gegeben" hat. Botschafter Gaechter schreibt weiter: „Die finanzielle Verbesserung, die sich die Mädchen versprechen, dürfte allerdings bescheiden sein, denn, wie mir Herr Riebli erklärte, werden aus dem Salär der Tänzerinnen, das sie in der Schweiz erhalten sollen, auch die hiesigen Gebühren und umfangreiche Schmiergelder zur Ausstellung der nötigen Papiere sowie ein anständiges 'Honorar' für ihn selbst abgezweigt. Überschlagsmässig errechne ich, dass mehr als die Hälfte des Salärs an verschiedene Stellen, Mittelsmänner und Nutzniesser in den Philippinen zurückfliesst, und dass hier aus der 'Exportware' ein ganz schönes Geschäft gemacht wird."

Der damalige Schweizer Botschafter hatte offenbar mehr Informationen, als er in seinem Schreiben an das „Bundesamt für Ausländerfragen" in Bern zugeben wollte: „Diese Art des Mädchenhandels muss jedoch auch im grösseren Zusammenhang gesehen werden." Und: „Nachdem ich nun den Umfang dieser für mich unsauberen Geschäfte kenne, beabsichtige ich, ab sofort Visen für Artistinnen, Tänzerinnen, halbnackte Schwimmerinnen oder was es auch immer sein möge, zu verweigern, und ich nehme an, dass Sie mit diesem Vorgehen einverstanden sind."

Offene Fragen: Ist Herr Hugo Ernst Riebli, den es tatsächlich gibt, identisch mit Herrn Hugo Riemle, dessen Name, wie das Gericht leicht hätte feststellen können, so weder in diversen Telefonbüchern noch im „Familiennamenbuch der Schweiz" verzeichnet ist? Warum ist wenigstens der erstgenannte nie einvernommen worden? Der Briefwechsel des Schweizer Botschafters in Manila mit dem „Bundesamt für Ausländerfragen" in Bern liegt seit dem 21. Januar 1982 der in / à   M a n i l a

               E J P D

               Bundesamt für Ausländerfragen

[Stempel: S 452.08.1 / 1 8 ...]

Ihr Zeichen Votre référence	Ihre Nachricht vom Votre communication du	Unser Zeichen Notre référence	Datum Date
S 452.C8.1 - IA/st	4.1.1982	131.3 - GH/kf	14.1.82

Gegenstand / Objet   Philippinische Gogo-Girls; Anfrage der
                               Bezirksanwaltschaft Zürich

ad 4:   Alle Uebersee-Filipinos sind gehalten, auf ihrem im
          Ausland erzielten Erwerbseinkommen philippinische
          Einkommenssteuern zu entrichten. Die Botschaften,
          denen Finanzattachés zugeteilt sind, sind mit der
          Eintreibung dieser Steuern beauftragt.

ad 5:   Die bisherige Praxis, was die Botschaft anbelangt,
ad 6:   bestand darin, dass diese vom Bundesamt für Ausländer-
          fragen per Telex oder per Formular Einreisegenehmigungen
          für ihr völlig unbekannte Mädchen erhielt, die auf der
          Botschaft nie ein Einreisegesuch unterbreitet hatten.
          Die Botschaft ist somit in die Prozedur zur Erhaltung
          des philippinischen Passes und die Genehmigung der Ar-
          beitsbewilligung nicht eingeschaltet. Nur in einem Falle
          habe ich persönlich unterschriftsbereite Formverträge
          in deutscher Sprache gesehen, die mir der Besitzer des
          Mabuhay Nachtklubs in Zürich gezeigt hat. Dieser deutsch-
          sprachige Vertrag enthielt in der Tat die Bruttotages-
          gage von Fr. 140.-- und verschiedene andere Bedingungen.
          Ich kann mir jedoch nicht vorstellen, dass dieser Ver-
          trag dem hiesigen Arbeitsministerium unterbreitet wer-
          den kann, da sicher niemand im Ministerium der Deutschen
          Sprache mächtig ist. Ich muss demnach annehmen, dass
          die Arbeitsverträge auf englisch unterbreitet werden.

          Anhand der Personalien und Daten der Visumerteilung
          werde ich versuchen, beim Arbeitsministerium Einsicht
          in solche Verträge nehmen zu können und mir sogar, wenn
          möglich, Kopien zu beschaffen.

ad 7:   Zur Frage der Vermittlung der Gogo-Girls besteht mit
          Ihrem Amt eine Korrespondenz, und es steht Ihnen frei,
          diese der Bezirksanwaltschaft zur Verfügung zu stellen.
          Ich habe Ihnen seinerzeit diese Frage unterbreitet,
          weil mir die Vermittlung als schamlose Ausnützung der
          Mädchen erschien. Ueber die Arbeitsbedingungen in der
          Schweiz wurde ich erst nachträglich, durch Presse und
          Kommentare zu einer Fernsehsendung, orientiert.

ad 8:   Bei "Hugo" muss es sich um Hugo Ernst Riebli, geb.
          7. Juni 1946, Bürger von Giswil/OW, handeln, der in
          meinem Schreiben an Ihr Amt vom 21.8.1981 erwähnt ist.

Zweite Seite des Briefes (14.1.1982) von Botschafter Gaechter an das „Bundesamt
für Ausländerfragen".

Bezirksanwaltschaft Zürich vor, zu Handen von „Herrn lic. iur. L. Esseiva". Bezirksanwalt Lino Esseiva war zu jener Zeit mit den Ermittlungen gegen Fausto Huber, den Chef des „Mabuhay-Dancing", tätig und musste sich dabei eingehend mit der Situation ausländischer Gogo-Girls beschäftigen.

Im März 1984 wurde der Wirt, Faustinus Huber-Evangelista, 34, zu einer Busse von 1'000 Franken verurteilt, weil er seine Gogo-Girls unter anderem dazu herangezogen hatte, die Gäste des Etablissements zum Champagner-Trinken zu animieren. Geschätzter Umsatz zwischen Januar und Oktober 1983: 700'000 Franken. Eine Strafuntersuchung wegen Menschenhandels, die durch die Aussagen einer Filipina im Westschweizer Fernsehen ausgelöst worden war, wurde schon einen Monat früher, im Februar 1984, durch die Bezirksanwaltschaft in Zürich behandelt und – eingestellt. Die philippinische Tänzerin hatte alle Vorwürfe wieder zurückgezogen. Und angeblich reichten die übrigen Beweise gegen Faustinus Huber-Evangelista nicht aus.

Im Brief von Botschafter Gaechter heisst es weiter: „Ich persönlich habe unterschriftsbereite Formverträge gesehen, die mir der Besitzer des Mabuhay Nachtklub in Zürich gezeigt hat." Und: „Zur Frage der Vermittlung der Gogo-Girls besteht mit Ihrem Amt (dem „Bundesamt für Ausländerfragen", H.G.S.) eine Korrespondenz, und es steht Ihnen frei, diese der Bezirksanwaltschaft (in Zürich) zur Verfügung zu stellen."

Reichte diese Korrespondenz tatsächlich nicht aus, um den „Mädchenhandel" (Botschafter Gaechter) vor Gericht zu bringen? Oder war die Sache für die Schweizer Justiz erledigt, nachdem die Filipina in die Heimat zurückgekehrt war? Und nachdem das „Mabuhay" jetzt „Dolce Vita" heisst und eine neue Geschäftsführerin hat? Während Fausto Huber unermüdlich weiter tätig ist: Sein neuestes Etablissement mit Damen aus „San Domingo, Afrika und Thailand" heisst „Red Lips" ...

Oder sollte auch diesmal wieder so verfahren werden wie im Fall einer jungen Schwarzen aus der Karibik, die dem Zürcher Unternehmer Walter Arnold-Butler Menschenhandel vorwirft, wo es aber seit Jahren nur um Geld geht – nämlich um jene lächerlichen 5'000 Franken, die der Unternehmer von der inzwischen verheirateten Frau fordert?

Aus ganz anderen Kreisen stammen weitere Herren, die sich des Frauenhandels angenommen haben, und gegen die zur Zeit ermittelt wird – wenn auch kaum mit Aussicht auf Erfolg. Seit Jahren versucht die Bezirksanwaltschaft in Zürich nämlich, einer kriminellen Vereinigung nachweisen zu können, dass sie am Handel mit Mädchen und Rauschgift verdient hat: den Hell's Angels, Chapter Zürich.

Statt schwerer Maschinen stehen Luxusautos herum: ein silbergrauer Taunus Sechszylinder, ein dunkelgrauer Mercedes ohne Typenangabe, ein Camaro Coupé in blau-metallic, ein meergrüner Rolls-Royce und ein goldfarbiger Brougham Ambassador, an dem nur ein kleiner Aufkleber verrät, wer da vom schweren Motorrad umgestiegen ist auf bequeme Strassenkreuzer: „Support your Hell's Angels Zürich."

Verwirrend genug, denn die grossen Wagen versammeln sich ansonsten um das Hauptquartier der Höllenengel, rund um das kleine Haus an der Ecke Langstrasse/Heinrichstrasse, dessen Grundstück des Nachts von Scheinwerfern beleuchtet ist. „Privatgrundstück ... Betreten für Unbefugte strengstens verboten", drohen ein paar Schilder rings um das ansonsten offene Eckgrundstück, das der renommierte Verein, der unter den europäischen „chapters" der Hell's Angels die Nummer Zwei trägt, nur gemietet hat.

An diesem Nachmittag haben sich die Herren in ihrem eigenen Besitz getroffen: dem „Kleinen Garten"-Restaurant („Piccolo Giardino") an der Neufrankengasse, Ecke Schönegg-Platz. Das Haus mit dem unverfänglichen italienischen Ristorante im Parterre und den Büroräumen der „Bull Dog AG" im Obergeschoss ist eine von mehreren Liegenschaften, die sich im Besitz der ehedem schon durch ihr Auftreten furchteinflössenden Hell's Angels befinden. Die Herren sind älter geworden. Und wie die grossen Vorbilder zeigen: Man kann auch als Hausbesitzer und Mädchenbeschützer Angst und Schrecken verbreiten.

Niemand in Zürich kann genau sagen, wieviele Liegenschaften inzwischen von Mitgliedern des Vereins erworben wurden, zumal die Herren bei ihren Transaktionen dieselbe Art von Diskretion wählen wie ihre grossen Vorbilder, die Liegenschaftsvermittler und -verwalter. Das Haus mit dem „Kleinen Garten" beispielsweise gehört dem Vater zweier Mitglieder der Hell's Angels Zürich. Wer eine Klingel an dem schönen alten Haus Heinrichstrasse 99 betätigte, musste darauf gefasst sein, einem Hell's Angel gegenüberzustehen. Oder einem der von den Hell's Angels beschützten Mädchen, die im Parterre ihre Salons hatten. Aber die mussten wohl inzwischen ausziehen und eine andere Bleibe suchen, nachdem drei Mitglieder der Hamburger Abteilung der Hell's Angels auf Bitten der Staatsanwaltschaft Hamburg in Zürich festgenommen wurden, als sie gerade ein paar neue Mädchen an ihre Freunde in Zürich weiterreichen wollten.

Die guten Verbindungen zwischen Zürich und Hamburg sind auf eine Besonderheit in den Vereinsstrukturen der

Hell's Angels zurückzuführen: Die inzwischen über die ganze Welt verbreitete Organisation lässt nur neue Abteilungen, sogenannte „chapters", zu, wenn sie von bereits bestehenden vorgeschlagen werden. So kam das Chapter Zürich durch die Bürgschaft des Chapter London (die Nummer Eins in Europa) zustande, und das Chapter Hamburg durch Fürsprache der Hell's Angels Zürich. Das vierte Chapter in Europa, das wiederum durch die Hamburger vermittelt wurde, befindet sich in Stuttgart. Insgesamt besteht die Weltorganisation der Hell's Angels aus sechzig Chapters.

Seit der Hamburger Gruppe der Prozess gemacht wird, ist es in Zürich und Umgebung ruhig geworden. Der „Neugasshof" an der Neugasse 35 (Ecke Mattengasse) bietet zwar weiterhin Mädchen zur Unterhaltung an, im „Hard Bridge" an der Strasse Neue Hard (Ecke Hardstrasse) gibt's auch weiterhin „gogo-strip ab 17.00 Uhr" mit Mädchen in allen Hautfarben, aber die spektakulären Zwischenfälle, die bis vor kurzem noch die Zeitungsspalten füllten, bleiben aus.

Still und unauffällig haben sich die Herren inzwischen ein Haus mit Restaurationsbetrieb in Winterthur zugelegt und den Handel mit Mädchen vorläufig wohl auf Eis gelegt. Dass sie inzwischen auch den Handel mit Drogen kontrollieren, würde ihnen die Bezirksanwaltschaft gern nachweisen. Allein, die Beweise reichen zur Zeit offenbar nicht aus.

„Mehrere Millionen Franken", so vermutet man, gehen jährlich durch die Hände der Höllenengel, und ein grosser Teil davon stammt aus dem Geschäft mit Mädchen und Drogen. Wenigstens in einem Fall weiss man, wer den Herren bei der Anlage solcher Summen behilflich war: Siegfried Huber vermittelte den Hell's Angels den Betrieb in Winterthur, kümmert sich aber jetzt wieder um seine Automatenfirma.

Als in der Nacht vom 10. auf den 11. August 1983 fast alle Mitglieder der Hamburger Hell's Angels in Hamburg, Zürich und New York festgenommen wurden, und als die Staatsanwaltschaft in Hamburg nach den Ermittlungen ihrer Sonderfahndungsgruppe eine Anklageschrift vorbereitete, die zu Beginn des Prozesses im Oktober 1984 auf 428 Seiten angewachsen war, wurde die Arbeit für die ermittelnden Beamten in Zürich dennoch nicht leichter. Bis heute beispielsweise ist der „Kassierer" der Hamburger Höllenengel, Helmut Wunsch, nicht gefasst; angeblich hält er sich in den Vereinigten Staaten von Amerika auf. Und auch über die Finanzen der Hell's Angels Zürich gibt es so gut wie keine verlässlichen Angaben.

Sicher ist, dass die beiden Chapter Hamburg und Zürich zusammengearbeitet haben, und sicher ist auch, dass dabei eine Menge Geld verdient wurde. Die Anklage der Staatsanwaltschaft Hamburg schliesst unter anderem Delikte wie Zuhälterei, Raub und Erpressung ein. Sicher sind sich die ermittelnden Beamten in Hamburg auch darin, dass die Höllenengel dort mit den beiden grössten Zuhälter-Syndikaten zusammengearbeitet haben: mit der sogenannten GMBH (nach den vier Chefs der Bande: Gerd, Mischa, Beatle und Harry) und mit „Nutella", die sich wegen der Führungsrolle im Schanzenviertel und im Karolinenviertel in den Haaren lagen.

Aber genau so wenig wie in Zürich weiss man in Hamburg über den Verbleib der Gelder, die von den Banden kassiert wurden. Dennoch gehen die Beamten in beiden Städten davon aus, dass die Bandenmitglieder nicht nur direkt kassierten – bei Nutten, Barbesitzern und in Massagesalons –, sondern dass sie auch im Auftrag anderer, wie die Hamburger Polizei sagt: grösserer „Fische", arbeiteten und dafür Honorare bekamen.

Bei den Recherchen zu diesem Bericht wurde jedenfalls mehr als deutlich, dass die Hell's Angels der drei „chapter" in Hamburg, Zürich und Stuttgart nicht nur beim schwunghaften Handel mit Prostituierten aller Hautfarben zwischen den beiden Ländern die Hände im Spiel haben, sondern auch beteiligt sein müssen an der Liegenschaftsszene im Zürcher Aussersihl, am Handel mit Frauen dort und am Sexgewerbe im besonderen. Vieles spricht dafür, dass die grossen Liegenschaftsfirmen sich nicht selbst um die Vermietung und Besetzung der einschlägigen Salons gekümmert haben, sondern dies anderen überliessen, die dafür wiederum ebenfalls kassierten: zum Beispiel den Hell's Angels.

Die bösen Ahnungen werden sich wohl auch kaum im anstehenden Prozess gegen die Hell's Angels in Hamburg und in den verschiedenen Prozessen, die gegen einzelne Mitglieder der Hell's Angels in Zürich vorbereitet werden, konkretisieren lassen. Zu streng ist der „Ehrenkodex" der Höllenengel, die jeden mit dem Tod bedrohen, der auszupacken wagt. Und zu eng sind die Verflechtungen mit einer Szene, die ihrerseits alles unternimmt, um Einsichten in ihre Geschäfte zu unterbinden.

Die afrikanischen Mädchen an der Feldstrasse 141, die „gemischte Mannschaft" gleich nebenan an der Feldstrasse 143 – beide Häuser sozusagen unter den Augen der Höllenengel und der „Bull Dog AG" – oder die Thaimädchen im „Grace" an der Brauerstrasse – sie alle schweigen. Sie würden, das hofft die Polizei in Zürich, wohl reden, wenn sie sozusagen schon in Auslieferungshaft wären. Bisher hat von den dreissig bis vierzig ausländischen Frauen, die im Laufe eines Jahres aufgegriffen wurden und „ausgeschafft" werden sollten, keine den Mund aufgemacht.

Die Erinnerung an die Morde der Hamburger Hell's Angels

an einem ehemaligen Bandenmitglied und einem Zeugen, dem Kellner eines Lokals in Westerland auf der Insel Sylt, ist noch zu frisch. Aber nicht die Furcht der Behörden vor solcher Art Einschüchterung war letztlich verantwortlich für die zwischendurch auch schon mal eingestellte Prozesslawine, die in Hamburg mutig ausgelöst worden war: Die Rechtsanwälte der Höllenengel entdeckten damals einen Verfahrensfehler, der den Abschluss des Prozesses vorläufig in weite Ferne rückt. Ob die Ermittlungsbehörden die mühsam für eine Aussage gewonnenen Zeugen so lange „bei der Stange" halten können, ist mehr als fraglich geworden. Diejenigen, deren Aussagebereitschaft an die Öffentlichkeit gedrungen ist, fürchten jetzt bereits um ihr Leben.

Recht und Gesetz:
Vom Unterschied zwischen Gogo-Girls und Künstlern

Ende Februar 1984 hatte das „Eidgenössische Justiz- und Polizeidepartement" endlich eine gute Nachricht für die Eidgenossen: Die Zahl der ausländischen Tänzerinnen war innerhalb eines Jahres um knapp zehn Prozent gesunken. Zitat: „Die im Gefolge aufsehenerregender Enthüllungen über die Praktiken im Sexgewerbe eingeführte Beschränkung der ausländischen Gogo-Girls in der Schweiz hat auch im vergangenen Jahr Wirkung gezeigt."

Und zwar gleich zu Beginn des Jahres. Da schritt nämlich die Zürcher Polizei in einer wahrhaft einmaligen Aktion gegen das Sexgewerbe ein und verriegelte gleich drei Pornoläden, die in den Hinterräumen auch Peep-Shows — in der Schweiz sinnig „Stützli-Sex" genannt — angeboten hatten.

Mit der Schliessung der Peep-Shows an der Brauerstrasse 48, an der Gräbligasse 8 und am Limmatquai 80 trafen die Behörden einen der grossen im Sexmetier, Werner Stierli, und manch einer fragte sich, welcher neidische Konkurrent wohl seine Hand im Spiel gehabt habe.

Werner Stierli beschäftigte zu jener Zeit in drei Lokalen acht Thailänderinnen, war selbst mit einer Thaifrau verheiratet und hatte noch kurz vor der Schliessung seiner Läden ein Gesuch eingereicht, um weitere neun Damen aus Thailand einreisen lassen zu können. Als die Polizei die Läden durchsuchte, war — Erfolg oder Misserfolg? — nicht eine einzige Thailänderin „bei der Arbeit", wie es im Bericht heisst. Im Protokoll des Stadtrates von Zürich wurde das dann so formuliert: „Bei der Schliessungsaktion waren keine Gogo-Girls anwesend. Lediglich in einem Etablissement hielten sich im Verkaufsraum zwei farbige Mädchen auf, die jedoch keine Gogo-Tätigkeit ausübten." Gottseidank, möchte man fast hinzufügen.

Die Erfolgsmeldung der Schweizer Justiz vom Februar 1984 gibt auch die Zahlen für die registrierten „ausländischen Tänzerinnen" bekannt: Danach hielten sich Ende 1983 noch 691 „ausländische Tänzerinnen" in der Schweiz auf; ein Jahr zuvor waren noch 764 registriert gewesen. Eine erfolgreiche Politik also? Was war denn eigentlich geschehen, dass sich das Angebot verringert hatte?

Im Oktober 1981 nannten Journalisten in der Sendung „Tell quel" des Westschweizer Fernsehens schockierende Zahlen: Monatlich würden 800 bis 900 Arbeitsbewilligungen für ausländische Gogo-Girls erteilt. Anschliessend nahm sich die „Erklärung von Bern" (EvB) des Themas an: Anhand des Schicksals eines in der Sendung interviewten Gogo-Girls aus den Philippinen machte die Organisation „für solidarische Entwicklung" auf die prekäre Lage der Frauen aus der sogenannten Dritten Welt aufmerksam, die in der schweizerischen Sexindustrie arbeiten. Mit einer Klage gegen den Arbeitgeber des Gogo-Girls ging die EvB an die Öffentlichkeit. Gleichzeitig reichte der Zürcher Rechtsanwalt und Nationalrat Moritz Leuenberger (SP) zusammen mit rund 40 weiteren Unterzeichnern dem Bundesrat eine Interpellation in dieser Sache ein. Darin hiess es unter anderem: „Beinahe alle Gogo-Girls stammen aus ärmsten Verhältnissen und sind als Frauen schon in der Heimat Not und Ausbeutung preisgegeben." Und er fragte den Bundesrat: „Ist der Bundesrat nicht auch der Meinung, dass durch die Vermittlung von Gogo-Girls aus armen Ländern der Dritten Welt die Nord-

Süd-Problematik verschärft und dass durch die Beschäftigung von rechtlich miserabel geschützten Striptease-Tänzerinnen das Bild der Dritten Welt bei uns heute verfälscht wird?" Ferner: „Ist der Bundesrat bereit, seine Praxis ab sofort zu ändern und dies im nächsten Kreisschreiben des BIGA („Bundesamt für Industrie, Gewerbe und Arbeit") sowie bei der Ausarbeitung der Verordnung zum neuen Ausländergesetz zu berücksichtigen?"

Der Bundesrat war bereit. Ein halbes Jahr später hiess es dann in der neuen „Verordnung über die Begrenzung der Zahl der erwerbstätigen Ausländer", Änderung vom 31. März 1982, dass nur noch „Künstlern" und „Artisten" sowie „Tänzern, die eine künstlerisch-musikalische Darbietung erbringen", Aufenthalts- und Arbeitserlaubnis erteilt werde. Und das BIGA legte, gemeinsam mit dem „Bundesamt für Ausländerfragen", noch am gleichen Tag das geforderte „Kreisschreiben" vor, ein Muster an politischer Naivität: „Die Zulassungspraxis gegenüber ausländischen 'Artistinnen' ist namentlich hinsichtlich der Gogo-Girls in den vergangenen Monaten in der Öffentlichkeit auf erhebliche Kritik gestossen. Sie hat ebenfalls zu einem parlamentarischen Vorstoss geführt. Beanstandet wurden vor allem die unwürdigen Bedingungen, unter denen Ausländerinnen in der Schweiz beschäftigt werden. In der geltenden Fassung lässt die betreffende Bestimmung in der Verordnung über die Begrenzung der Zahl der erwerbstätigen Ausländer (Artikel 3 Absatz 1 Buchstabe c BRV = „Begrenzungsverordnung", H.G.S.) eine allzu extensive Praxis zu. Der Bundesrat sah sich deshalb veranlasst, diese Bestimmung so zu ändern, dass deren Anwendung nur noch bei eigentlichen Künstlern, Musikern und Artisten in Betracht kommt. Gleichzeitig hat er sichergestellt, dass die Personen, die inskünftig nicht mehr als Artisten gelten, nicht unter einem andern Titel eine nicht-kontingentierte Kurzaufenthaltsbewilligung erhalten."

In der „Weisung" des „Bundesamtes für Ausländerfragen" und des „Bundesamtes für Industrie, Gewerbe und Arbeit" werden dann die Begriffe „Künstler" und „Artist" genauer abgegrenzt – vor allem gegenüber „Gogo-Girls, Animiermädchen, Hostessen usw.", über die es unter Punkt 23 heisst:

„Nicht als Artisten gelten Personen, die lediglich zur Unterhaltung der Gäste angestellt werden, ohne ein Programm künstlerischen Gehalts darzubieten, wie zum Beispiel Animiermädchen, Hostessen, Gogo-Girls in Nachtlokalen, Peep-Show-Betrieben, Sexshops usw. Sie sind ausländerrechtlich den übrigen kontingentierten Ausländern gleichzustellen. Entsprechend kommt auch eine Bewilligung nach Artikel 3 Absatz 1 Buchstabe d BRV nicht in Frage. Diese Personen können somit nur im Rahmen der kantonalen Kontingente zugelassen werden."

Solche „Kontingente", zugelassene „Mengen" von ausländischen Arbeitnehmern, waren mit dem neuen Ausländergesetz verabschiedet worden, um den Schweizer Arbeitsmarkt vor „Überfremdung" zu schützen. Danach dürfen bestimmte Richtzahlen („Kontingente") in den einzelnen Kantonen nicht überschritten werden. Ausserdem muss in jedem einzelnen Fall geprüft werden, ob nicht Schweizer Staatsbürger für die angebotene Arbeit zur Verfügung stehen, wie der Bundesrat in der schriftlichen Beantwortung einer Anfrage aus dem Nationalrat zum Thema Gogo-Girls im Juni 1983 ausführt:

„Darüberhinaus ist gemäss Artikel 21 Absatz 1 der Begrenzungsverordnung jeweils nachzuweisen, dass für die betreffende Stelle zu den ortsüblichen und berufsüblichen Lohn-

und Arbeitsbedingungen keine einheimischen Artisten auf dem Arbeitsmarkt verfügbar sind, die willens und fähig sind, die in Frage stehende Darbietung zu erbringen."

Da fragt man sich natürlich ernsthaft, wie „einheimische Artisten" die Nachfrage nach asiatischen Gogo-Girls befriedigen wollen.

Die Zürcher Fremdenpolizei gibt denn auch zu, dass Kontrollen, wie sie im Kreisschreiben gefordert wurden, selbstverständlich dann enden, wenn die ausländischen Artisten die schweizerische Nationalität haben, also mit einem Schweizer verheiratet sind. Die Zürcher „WochenZeitung" schreibt dazu: „Das Problem der Ausbeutung von billigem Drittweltfleisch ist damit also nicht gelöst. Thaimädchen etc. müssen jetzt einfach mehr heiraten."

Was also haben die „Änderung der Verordnung" und die entsprechende „Weisung" gebracht? Zyniker würden antworten: gesunde, heizbare Schlafzimmer. Denn dies beispielsweise wird für ausländische Artistinnen gefordert: „Der Artist hat Anspruch auf einen gesunden, heizbaren Schlafraum mit direktem Tageslicht und einem verschliessbaren Schrank." Nicht nur die „gesunden Schlafzimmer" sollen von den Behörden kontrolliert werden, sondern diese sollen auch überprüfen, ob „die ausgeübte Tätigkeit mit der im Arbeitsvertrag erwähnten übereinstimmt". Wie dies die Arbeitsämter bewerkstelligen sollen, wird gottlob nicht erläutert.

In Wirklichkeit prüft selbstverständlich nur die Wirtschaftspolizei die Einhaltung der Vorschriften nach, auch mal inkognito, wie die Herren durchblicken lassen. Und die Fremdenpolizei schliesst sich den dabei gewonnenen Einsichten und Erkenntnissen an, wobei, wie ein Vertreter der Behörde vorsichtig einräumt, „eine gewisse Grauzone" unkontrolliert bleiben muss. Also toleriert wird.

Worum es der Zürcher Gerichtsbarkeit und ihren politischen Verfechtern wirklich geht, wurde denn auch deutlich, nachdem erst einmal ein Begriff wie „ideelle Immissionen" eingeführt war. Diese „moralische und sittliche Beeinträchtigung der Wohnumwelt" nämlich wird im Zusammenhang mit dem Anfang 1982 in Zürich erlassenen „Unterhaltungsgewerbegesetz" (UGG) ebenfalls geprüft – neben der „tänzerisch-musikalischen Darbietung" der neudefinierten „Künstler" und „Artisten".

So kann beispielsweise die Bewilligung für einen Betrieb in der Unterhaltungsbranche dann versagt werden, wenn „übermässige Einwirkungen ideeller oder materieller Art auf die Nachbarschaft" eintreten. Diese „Einwirkungen" werden entsprechend dem „natürlichen sittlichen Empfinden der Bevölkerung" beurteilt. Folgerichtig meint der Zürcher Bezirksanwalt Lino Esseiva, es werde in Zukunft schwierig sein, das „Normschamgefühl" in den Griff zu bekommen.

Merkwürdigerweise erstreckt sich das „Normschamgefühl", das in den folgenden Monaten immer mal wieder herhalten muss, wenn gefahndet und auch geurteilt wird, nur auf die Bedürfnisse der Nachbarschaft, das heisst: auf die Interessen der Hausbesitzer in den Stadtbezirken, die vom Sexgeschäft betroffen sind. Von den Prostituierten aus aller Herren Länder, für die der Ausstieg aus dem Gewerbe nunmehr noch schwieriger geworden ist, und von den „ausländischen Artisten" und deren Schamgefühl angesichts der Tatsache, dass sie jetzt gezwungen sind, möglichst schnell Schweizer Männer zu ehelichen, wenn sie nicht die Abschiebung in ihre jeweiligen Heimatländer riskieren oder das furchtbare Leben in der Illegalität und Abhängigkeit von Luden wählen wollen, – von all den Betroffenen, deren Schicksal doch zunächst die Behörden so gerührt hatte, spricht niemand mehr.

Im Gegenteil: Der Zürcher Polizeisprecher muss auf Anfrage einräumen, dass bisher kein Zuhälter, kein Sexshop-Besitzer, kein Gogo-Girl-Arbeitgeber einschlägig bestraft worden ist, dass aber rund 30 bis 40 ausländische Frauen jährlich „ausgeschafft", also abgeschoben wurden.

Ihren vorläufigen Höhepunkt erreicht die Welle von Weisungen und Verordnungen und Gesetzen, als Heidi Hofmann, sozialdemokratische Kantonsrätin in Zürich, einerseits verlangt, dass „die Vorschriften des Schweizerischen Strafgesetzbuches über strafbare Handlungen gegen die Sittlichkeit konsequent angewandt werden", und andererseits zwei Wochen später auch Hilfe für jene Prostituierte fordert, die aus dem Milieu aussteigen wollen.

Bei ihren Vorstössen erwähnt Heidi Hofmann auch erstmalig die Tatsache, dass ausser dem „sittlichen Empfinden" auch Geld im Spiel ist: „Dank der grossen Finanzkraft der hinter diesem Gewerbe stehenden Personen, werden andere Gewerbetreibende und Wohnungsmieter aus den für das Sexgewerbe interessanten Quartieren verdrängt." Ein Verdrängungswettbewerb also. Denn das wirklich grosse Geld wird nicht in den „Zupfstuben" verdient, wie die Zürcher ihre Massage- und Quälsalons nennen, auch wenn es davon allein im Aussersihl bereits mehr als 160 geben soll, in der ganzen Stadt über 400.

Das grosse Geld machen die Liegenschaftenmakler und -verwalter und natürlich diejenigen, in deren Auftrag gekauft oder verkauft wird: „Liegenschaften, die beim ersten Verkauf noch 800'000 Franken kosten, haben schlussendlich die Limite von zwei Millionen erreicht", schreibt Heidi Hofmann in einem Zeitungsbericht. Und sie schlägt auch gleich den Bogen: „Dass die Aufrechterhaltung dieser gut kapitalistisch etablierten Ordnung nur durch Gewalt funktioniert, erstaunt da kaum."

So beschäftigt eine der grössten Verwaltungsgesellschaften für Liegenschaften einen ehemaligen Drogenfahnder der Polizei zum „Schutz" der einschlägigen Etablissements.

Gewalt, schreibt Heidi Hofmann weiter, beherrsche auch die Zuhälterszene, die — vor allem beim Handel mit Frauen aus Entwicklungsländern — entweder selbst (nach gut funktionierenden Vorbildern) international operiert oder sich international operierender Banden bedient. Dabei wirkt es sich vorteilhaft aus, dass diese „Multis" oft auch mit Drogen handeln — die man in der Sexszene immer häufiger antrifft, auch da, wo ausländische Frauen zu einer „Arbeit" gezwungen werden, die sie niemals ausüben wollten.

Und während Heidi Hofmann ihr „Postulat" dem Zürcher Kantonsrat vorträgt, verhaftet die Polizei drei Mitglieder der internationalen Terrorgruppe Hell's Angels, die in Begleitung von zwei Dirnen aus Hamburg nach Zürich gekommen waren, mit der Absicht, die Frauen zu verkaufen. Und die Bezirksanwaltschaft Zürich ermittelt zur gleichen Zeit gegen die Besitzer eines Hauses an der Heinrichstrasse, wo nicht nur „gezupft" wurde. Einer der Besitzer: ein in Zürich stadtbekanntes ehemaliges Mitglied der Hell's Angels.

Fast allen Verfahren und Ermittlungen muss jedoch der Vorwurf der Halbherzigkeit gemacht werden, und das liegt nicht zuletzt an den Gesetzen, die, wie man weiss, unter anderem auch der Bewusstseinslage eines Volkes folgen.

Die Rechtlosigkeit von Ausländern in mitteleuropäischen Gesellschaften, vor allem von solchen aus Ländern der sogenannten Dritten Welt, ist schon sprichwörtlich. Frauen sind, auch das ist längst bekannt, vor Recht und Gesetz noch immer nicht gleichberechtigt. Mehr noch scheint aber das Verhältnis der Ersten zur Dritten Welt dazu beizutragen, dass Ausländer, zumal solche, die auch als „Wirtschaftsflüchtlinge" bezeichnet werden, diskriminiert und rechtlich benachteiligt werden.

Das „raubwirtschaftliche System" der Beziehungen zwischen Industrie- und Entwicklungsländern hatte bereits den Sklavenhandel im 18. und 19. Jahrhundert gekennzeichnet, wie der österreichische Historiker Albert Wirz („Sklaverei und kapitalistisches Weltsystem") schreibt. Heute deutet vieles darauf hin, dass bei uns ein solches „System" noch immer Grundlage von Gesetzgebung und Rechtsprechung gegenüber Ausländern ist.

Dieses raubwirtschaftliche System funktionierte und funktioniert nicht ohne die Hilfe von einheimischen Mitarbeitern in den ausgebeuteten Ländern. Der folgende Fall berichtet von einem solchen Geschäft zwischen Thais und Deutschen.

„Mindestens zehn grosse Agenturen", so entrüstete sich die thailändische Regierung vor einigen Monaten, „machen in Bangkok das grosse Geschäft mit der Vermittlung von Thailänderinnen als Ehefrauen und Prostituierte in alle Welt." Und wie zur Bestätigung dieser Feststellung wurde wenige Tage später Frau Wanna Yodkraisri, 32, wegen eben dieser Tätigkeit verhaftet: Sie hatte förmliche „Mädchen-Transporte" organisiert, vor allem nach Hongkong und in die Bundesrepublik Deutschland. Ein Transport bestand jeweils aus zehn bis zwölf Mädchen, für die dann beispielsweise in West-Berlin bis zu 200'000 DM bezahlt wurden. Frau Wanna kassierte ausserdem noch einmal rund 30'000 DM von jedem Mädchen bzw. von deren Käufer. Das reichte für Reisekosten und andere „Aufwendungen".

Die Westberliner Staatsanwaltschaft hat bisher von diesem

Geschäft „keine offizielle Nachricht" und ist dementsprechend auch nicht tätig geworden – weder gegen die Mädchen, die vermittelt worden sind, noch gegen die Bars und Nachtklubs, die von Frau Wanna als „Käufer" angegeben worden waren. In Thailands Hauptstadt Bangkok heisst es, dass „mehr als 3'000 Prostituierte aus Thailand in der Bundesrepublik Deutschland und West-Berlin arbeiten".

In Hongkong sollen es noch mehr sein: 5'000 Prostituierte, so schätzt man dort, stammen aus Thailand. Die thailändischen Behörden behaupten ferner, dass mindestens 3'000 von ihnen „gegen ihren eigenen Willen nach Hongkong verschleppt und dort in die Prostitution gezwungen werden". Inzwischen werden jährlich rund 500 Thailänderinnen schon bei der Einreise nach Hongkong „erwischt" und zurückgeschickt, weil der Verdacht besteht, dass sie nur einen einzigen Grund haben, in die ehemals britische Kronkolonie einreisen zu wollen: Prostitution. Darüberhinaus, so die Behörden Hongkongs, würden jährlich bis zu 500 Dirnen aufgegriffen, deren Papiere nicht in Ordnung seien. Gleichzeitig ist die Strafe für Bordellbesitzer, die illegal Ausländerinnen beschäftigen, auf 50'000 Hongkong-Dollar festgesetzt worden (ca. 20'000 DM). Genau soviel, heisst es in Hongkong, kann ein Nachtklub-Besitzer mit einer guten Prostituierten in einem Monat verdienen.

Doppelmoral der Herrschenden, wohin das Auge auch sieht. In Thailand, beispielsweise, ist Prostitution gesetzlich verboten. Zahlen über „Prostituierte" gibt es also nur für solche, die im Ausland arbeiten. Im Inland heissen die Damen in der Statistik „Professionelle in der Unterhaltungsindustrie". Dass darunter auch rund 30'000 Jugendliche und Kinder unter 16 Jahren sind, erfährt man folgerichtig nicht bei den Behörden, sondern allenfalls bei der privaten „Foundation for Children", die ausserdem zu melden weiss, dass allein in Bangkok und Chiang Mai, den beiden grössten Städten Thailands, rund 200'000 Kinder einer mehr oder weniger regelmässigen Arbeit nachgehen.

Aus Italien melden die Gewerkschaften mehr als eine Million ausländischer Arbeitskräfte, die nicht aus EG-Staaten stammen. Davon sind, wie das Sozialforschungsinstitut „Censis" festgestellt hat, allein in der Provinz Rom rund 90 Prozent Frauen, die als Hauspersonal über „zweifelhafte Agenturen" („Censis") vermittelt werden. Kosten der Vermittlung: 100 US-Dollar für den Arbeitgeber, dasselbe für den Arbeitnehmer. Die „Arbeit" dieser Hausangestellten wird nicht kontrolliert; Sozial- und Krankenversicherung sowie Steuern werden nicht bezahlt.

Da geht es in der Schweiz schon ordentlicher zu. Aus einem Arbeitsvertrag für „Gogo-Girls in Switzerland", der auch dem Bundesrat vorgelegt wurde, geht hervor, dass sogar der korrekte Betrag für die Einkommenssteuer berechnet wird: „Das typische monatliche Honorar einer Gogo-Tänzerin sieht, wenn man von einem Tagesverdienst von Fr. 150.– ausgeht, folgendermassen aus: acht Prozent für die Vermittlungsagentur, weitere acht Prozent für Einkommenssteuer, rund vier Prozent für Sozialversicherung. Es verbleiben also rund Fr. 120.– netto pro Tag. Daraus ergibt sich ein monatliches Nettoeinkommen in Höhe von Fr. 3'600.–; dazu kommt gegebenenfalls die prozentuale Beteiligung am Champagner-Konsum, die sich auf etwa Fr. 900.– pro Monat beläuft. Macht rund Fr. 4'500.– pro Monat Nettoeinkommen. Davon abzuziehen sind Fr. 700.– für Miete, Fr. 45.– für Kranken- und Unfallversicherung, Fr. 700.– (nur in den ersten drei Monaten) für die Rückzahlung des Flugtickets und Fr. 250.– (während der acht Monate des Aufent-

EMPLOYMENT OF GOGO-GIRLS IN SWITZERLAND

1. The Gogo-Girl must herself see that she has a valid passport.

2. The Gogo-Girl must visit the Swiss Embassy or Consulate twice:
   the first time to apply for authorization to enter Switzerland (with 3 passport
   photos), the second time 2 or 3 weeks later to collect the visa.

3. In Switzerland an artiste (= Gogo-Girl) is allowed to work 8 months per
   calendar year.

4. The Agency provides the air ticket for the flight Gogo-Girl's home country
   to Zurich and back. If required the Agency will also pay the Gogo-Girl the
   sum of Sfr. 400.-- as an advance on salary for costumes, and, again if
   required, a further advance of Sfr. 400.-- upon her arrival in Zurich to
   cover her expenses until she receives her first salary from the Disco-Club.

   The Gogo-Girl must, of course, repay any money received in advance from
   the Agency within the first 3 months of her employment in Switzerland.

5. The daily salary can vary between Sfr. 130.-- and Sfr. 180.-- depending on
   the Disco-Club and other things, but is usually Sfr. 150.-- for 6$\frac{1}{2}$ hours
   with 6 - 12 shows.

6. Example:

   A typical monthly salary (using a daily salary of Sfr. 150.--) will look
   like this:

   Compulsory deductions:

	8% Agency commission	
	8% income tax	
about	4% social tax (AHV)	
	20 % of Sfr. 150.-- =	Sfr. 30.--
	leaving the Gogo-Girl with	Sfr. 120.-- net per day.

Monthly net salary about	Sfr. 3'600.--	
plus % for champagne about	Sfr. 900.--	
Total net monthly salary	Sfr. 4'500.--	even with a low champagne percentage the Gogo-Girl will still earn roughly Sfr. 4'000.--

   -

Monthly rent for room	about Sfr. 700.--
Monthly insurance health+accident	about Sfr. 45.--
Repayment of air ticket in 3 months	about Sfr. 700.--
Repayment of advanced salary monthly	about Sfr. 250.--

   This results in the Gogo-Girl earning a monthly salary of:

   Sfr. 2'000.-- for the first 3 months
   Sfr. 3'000.-- for the following 5 months.

Please note: Before and after the show-time (6$\frac{1}{2}$ hours daily, usually 17.45
to 24.15) the Gogo-Girl is completely free.

The Agency will see to reserving the room.

Arbeitsvertrag für Gogo-Girls in der Schweiz.

176

halts) für die Rückzahlung von Vorschüssen u.ä. Es ergibt sich ein monatliches Verdienst von Fr. 2'000.– in den ersten drei, und von Fr. 3'000.– in den verbleibenden fünf Monaten."

Im Originaldokument ist allerdings die veränderte Gesetzgebung in der Schweiz noch nicht berücksichtigt, die nun nur noch künstlerisch ausgebildeten Gogo-Girls und Tänzerinnen eine Arbeitsbewilligung zugesteht. Seit der Einführung dieser Vorschrift müssen die ausländischen „Künstlerinnen" mit einem weiteren Abzug von ihren Einnahmen rechnen in Höhe von insgesamt etwa Fr. 2'000.–, mit denen der Schnell-Tanzkurs bezahlt wird, der manchmal in den ersten Tagen des Aufenthalts absolviert werden muss, und der die „künstlerische Qualifikation" sicherstellt.

Andere Vorschriften sind schwieriger einzuhalten. Dafür geht es dann auch um mehr Geld – wie zum Beispiel bei Kauf und Verkauf von Liegenschaften, womit bekanntlich im Zürcher Aussersihl sehr viel mehr verdient wird als mit Tanzen.

Für den Transfer von Immobilien, das ist in der ganzen Welt so, stellen Banken das Kapital zur Verfügung. Und wo soviel transferiert wird, dass oftmals der aktuelle Besitzer gar nicht festgestellt werden kann, wie Kantonsrätin Heidi Hofmann meint, da spielen die Banken und ihre Kredite eine noch weitaus entscheidendere Rolle.

Kantonsrat Hansjörg Frei (SVP) nahm sich deshalb des Kredit-„Kündigungsschutzes" der „Zürcher Kantonalbank" (ZKB) an. Er regte an, diesen Kündigungsschutz zu lockern, um „die bordellartige Nutzung von Liegenschaften zu erschweren". Bisher ist die Bank an einen entsprechenden Paragraphen der Geschäftsordnung gebunden, wonach „Hypothekardarlehen von der Bank in der Regel nicht gekündigt

werden, solange der Schuldner seinen Verpflichtungen nach-
kommt", also auch dann nicht, wenn die Liegenschaft nachweislich dem Sexgewerbe dient. Frei regte an, in die Geschäftsordnung einen Hinweis auf die Artikel 198 und 199
des Schweizerischen Strafgesetzbuches aufzunehmen, die
Unzucht und gewerbsmässige Kuppelei verbieten – also
auch deren Förderung. Freis Vorschlag wurde abgelehnt. In
der Begründung des ZKB-Bankrates, der vom Kantonsrat
angehört wurde, heisst es:

„Die Bank ist weder in der Lage noch legitimiert, festzustel-
len, ob einer der als Kündigungsgründe genannten Straftat-
bestände im einzelnen Fall vorliegt. Die um der öffentlichen
Ordnung willen aufgestellten Strafbestimmungen sind allein
von den Gerichten und Behörden anzuwenden und durchzusetzen."

Allerdings konnte sich der ZKB-Bankrat den Hinweis nicht
verkneifen, dass durch eine solche Verschärfung der Geschäftsbedingungen die Konkurrenzfähigkeit der Bank ge-
fährdet sei. Die Kreditnehmer würden dann einfach die
Bank wechseln. Und damit wäre der „Zürcher Kantonalbank" ja nicht gedient.

Vor Jahren hat der Sexualwissenschaftler Volkmar Sigusch
die kapitalistische Doppelmoral in einen Zusammenhang
mit der Prostitution gebracht. Sigusch schreibt:

„In einer Gesellschaft, in der prinzipiell alles käuflich ist und
in der auch tatsächlich alles gekauft wird, was nicht niet- und
nagelfest ist, vom Gewissen des Abgeordneten bis zum Hu-
manitätsempfinden des Sozialarbeiters, in einer Gesellschaft,
die alles darauf abklopft, ob es benutzt oder verwertet werden kann, ausgerechnet in einer solchen Gesellschaft wird
die 'käufliche' Liebe zum Skandal. Bejaht einer die hiesige
Gesellschaft im grossen und ganzen, hat er gefälligst auch die

Peep-Shows zu akzeptieren wie Skaihüte, den neuen Mercedes oder die Hitparade des ZDF."

Die Zürcher „WochenZeitung" (WoZ) kommt zum gleichen Schluss: „Eine Gesellschaft, die auf allen Ebenen jede und jeden zur Prostitution zwingt, sorgt sich plötzlich um die, die es tatsächlich tun." Die Moral, meint Heinz Lippuner in der WoZ, gerate in die Hände der Falschen.

„Mit Moral hat das nichts zu tun", sagt Dr. Ali Monème, ein Genfer Psychiater, der viele Prostituierte behandelt. „Es ist die perverse Lust der westlichen Männer, nicht nur die eigene, sondern möglichst auch noch andere Frauen zu pervertieren. Sie sind besessen von der Idee, Eroberungen zu machen, andere Menschen 'umzudrehen', und sei es mit Gewalt."

Das Genfer Quartier Paquis ist voller Gewalt. Zwischen Bahnhof und Lac Léman, zwischen Rue des Alpes und Hotel Richmond gibt es mehr Drogenabhängige als in der ganzen Westschweiz zusammen. „Das liegt an der Prostitution. Hier sind viele Mädchen aus aller Welt zusammengekommen, die ihrer Heimat und ihrer Selbstachtung beraubt sind. Sie nehmen Drogen, um das ertragen zu können. Und sie nehmen Drogen, weil westliche Männer sie dazu zwingen — vielleicht, um Mitschuldige zu haben. Oberflächlich sicher auch, um sie leichter zu dem zwingen zu können, woraus sie ihren Profit ziehen." Dr. Monème arbeitet gleichzeitig in einer Klinik, und er spricht davon, dass neuerdings Methadon nur noch offiziell vom Kantonsspital verabreicht werden darf; das hindert natürlich vor allem diejenigen, die in der Illegalität leben, daran, sich von ihrer Drogensucht und -abhängigkeit zu befreien. „Sie kommen zunächst, weil sie Arbeit suchen", weiss der Psychiater. „Dann entdecken sie, dass die einzige 'Arbeit', die ihnen diese Gesellschaft lässt, das Sexgewerbe ist. Und dann ist der Schritt in die Drogenabhängigkeit nur noch sehr klein."

Nur die Formen müssen gewahrt bleiben, scheint es, wie der folgende Fall zeigt: Ein Genfer Arzt, der an Minderjährige Drogen verabreicht und sich dann an ihnen sexuell vergeht, ist weiter im Dienst, obgleich alle Welt von der Geschichte weiss, auch eine Zeitungskollegin. Wahrscheinlich schweigt sie, weil sie selbst drogenabhängig war und Geliebte eben jenes Arztes.

Andere Ärzte „helfen" Prostituierten, die in Frankreich bei armen Einwanderern Neugeborene kaufen, weil „man erst als Frau anerkannt wird, wenn man auch ein Kind hat". Man bezahlt rund 4'000 Franken für solch einen armen Wurm, und man muss bei der Rückreise aus Frankreich nur gleich einen Arzt seines Vertrauens aufsuchen, der – nicht ganz umsonst – bescheinigt, dass man bei der Ausreise nach Frankreich schwanger gewesen ist. Dann hat das Kind das Schweizer Bürgerrecht. Und einen guten Pass. Und die einsame Prostituierte hat etwas, das wenigstens ihre Entfremdung als Frau aufhebt.

In der Bundesrepublik Deutschland muss als entfremdet gelten, wer das unbarmherzige Schicksal eines politischen Flüchtlings erleidet. Dafür sorgt schon die Asylgesetzgebung, aber auch jene sachliche Kälte, mit der Behörden sich dieser Flüchtlinge „annehmen". Und manchmal scheint selbst die Illegalität mehr „Wärme" zu versprechen als der ordentliche, behördliche Anerkennungsprozess.

Nicht weit von Frankfurt gibt es ein Auffanglager für Asylbewerber, in dem auch junge Frauen aus Ghana leben. Die sogenannte „Sammelstelle" wird von einem Sozialarbeiter betreut, der in derselben Ungewissheit lebt wie seine „Schützlinge": Während sie darum fürchten müssen, möglicherweise nicht als politische Flüchtlinge anerkannt und dann eben abgeschoben zu werden, befürchtet er, dass seine „Sammelstelle" geschlossen wird. Das wiederum wäre fast verständlich angesichts der Tatsache, dass nur die wenigsten der Frauen tatsächlich im Lager leben. Die meisten wohnen während sechs Tagen oder gar die ganze Woche in einem Appartementhaus in der Nähe von Frankfurt, das im Szenenführer „Der Strich" mit einer Reihe von Sternen versehen ist. Einmal in der Woche lassen sich die Frauen von ihren Zuhältern ins Lager bringen, um die Papiere zu unterschreiben, die der Sozialarbeiter seiner Behörde vorlegen muss. Dann fahren sie wieder weg, in grossen Autos grossen Verdiensten entgegen – die auch mal ins Nichts führen können. Wie im Fall einer jungen Frau aus Ghana, die dieses Leben nach ein paar Monaten nicht mehr aushielt und sich ins Frauenhaus einer benachbarten Grossstadt flüchtete: drogenabhängig, zusammengeschlagen, mit letzter Kraft gegen den Selbstmord ankämpfend. Nach vier Tagen sei sie von einem Mann abgeholt worden, der in einem grossen amerikanischen Wagen vorfuhr, berichten die Nachbarn. Man hat nichts mehr von ihr gehört.

Geschichten dieser Art stehen täglich in der Zeitung, und viele Leser sind wohl der Ansicht, dass das meiste erfunden wurde. Es wäre durchaus im Sinn der „Verkäuflichkeit" dieser Art Berichterstattung, wenn es so wäre. Leider ist das meiste, wenn auch oft einseitig überzeichnet, wahr. So auch die Geschichte von den Kegelbrüdern aus Norddeutschland, die zusammenlegten, damit sich einer von ihnen, ein Junggeselle, eine Frau aus den Philippinen bestellen konnte, die sie dann miteinander teilen wollten. Der Südwestfunk hatte die Geschichte während der Vorbereitungen zu einer Sendung über Ehevermittler recherchiert; die Tageszeitungen berichteten genüsslich über den Vorfall. Von dem Mädchen war keine Rede.

Und der Ehevermittler Menger, der jede Publizität zur geschäftlichen Werbung nutzt und ebenfalls in der Südwestfunksendung auftrat, erklärte, ihm sei es egal, ob für eine Frau oder ein Waschmittel geworben werde, bei den Methoden müsse es sich um dieselben handeln. Und folgerichtig verwies er in seinem nächsten Rundschreiben auf den „grossen Erfolg", den er wieder einmal „in einer Rundfunksendung gehabt" habe.

Die Unterschiede zwischen den beteiligten Männern werden fliessend, seien sie nun Vermittler oder selbst „Handelnde", und viele Zeitungsgeschichten berichten unterschiedslos über beide: die sogenannten normalen und die pathologischen. In Aachen brachte ein 23jähriger Mann eine Prostituierte aus Thailand auf grausame Art um. Sie war durch einen belgischen Staatsbürger nach Europa gekommen, der es fertiggebracht hatte, mindestens acht junge Frauen aus Thailand und aus den Philippinen zu ehelichen und mit nach Belgien zu nehmen, um sie dann – auch im grenznahen Aachen – auf den Strich zu schicken. Von den Frauen war in der Berichterstattung keine Rede. Und dass die junge Frau ausgerechnet an den Psychopathen geriet, der sie förmlich schlachtete, weil er von „Sex und Erotik" besessen sei, wie er dem Psychiater erklärte, war ein tragischer Zufall.

Die noch möglichen Steigerungen sind gering, und das Schaudern, das sie auslösen werden, dürfte vorübergehend sein. Längst gibt es – der Videomarkt ist unerschöpflich in seiner Erfindungsgabe – sadistische Pornofilme, die Privatleute drehen, auch und gerade solche, die in „exotischen" Ehen leben. In den Vereinigten Staaten werden Filme produziert, in denen Mexikanerinnen nicht nur bestialisch gequält und vergewaltigt werden. Da werden sie auch schon mal solange gequält, bis sie tot sind – tatsächlich, endgültig. Und die Videokamera hält das alles fest, im wahrsten Sinne einmalige Bilder.

Der letzte Horror wird aus Bangkok berichtet, wo das Interesse der männlichen westlichen Touristen abzuebben droht. Dort, so meldet eine Agentur, kann man jetzt seine eigene Videokamera mitbringen und unvergessliche Szenen selbst filmen – bis hin zum tödlichen Beischlaf. Preis: 2'000 US-Dollar. Wer selbst die Rolle des todbringenden Beischläfers übernehmen möchte, muss das Doppelte zahlen. Den Film, den dann ein Mitarbeiter der Agentur dreht, bekommt der Auftraggeber anschliessend gratis, zur Erinnerung.

Der neue Sklavenmarkt:
„Frauen und Kinder werden zu Konsumobjekten."

„Der Handel mit Frauen und Kindern ist Sklaverei. Dieser Handel existiert, und das Netz der Handelsbeziehungen erstreckt sich über die ganze Welt." Die Schlussfolgerung des Rates für Wirtschafts- und Sozialfragen der Vereinten Nationen von 1983 ist deutlich und eindeutig. Konsequenzen, die daraus zu ziehen wären, sind allerdings weit und breit nicht auszumachen – sieht man einmal von den oft genug halbherzigen Initiativen oppositioneller Parteien ab, die fast immer auf halbem Weg steckenbleiben – auch in ihrer Argumentation.

Sklavenhandel damals und das, was wir heute darunter verstehen, gründete nicht und gründet auch heute nicht immer auf offener Brutalität. Tatsächlich ist es müssig zu fragen, ob grausamer ist, was die Hell's Angels mit den Mädchen anstellten, über die sie verfügten, oder ob es jene Gewinnsucht von Zürcher Honoratioren ist, die – als Altherren der Studentenverbindung „Titania Turicensis" – in einem Haus der Verbindung Zimmer an Dirnen vermieteten – natürlich zu überhöhten Preisen. Ein System, das das eine wie das andere möglich macht, lässt letztlich keine Unterscheidung zu.

„Sklaven waren Menschen", so schreibt Albert Wirz in „Sklaverei und kapitalistisches Weltsystem" über den Handel mit Menschen in den vergangenen Jahrhunderten, „die durch Gefangennahme aus dem sozialen Verband ihrer Herkunftsgesellschaften herausgerissen, von Händlern als Ware verkauft worden waren und schliesslich von ihren Besitzern den Sach- und Vermögenswerten beigeordnet wurden. Wie anderer Sachbesitz konnten Sklaven verkauft, verschenkt und vererbt werden, wie von anderen Vermögenswerten trennte man sich jedoch nur im Extremfall von Sklaven. Sklaven hatten kein Besitzrecht, kein Zeugnisrecht vor Gericht, insbesondere auch kein Recht auf die eigenen Nachkommen, denn Sklavenkinder fielen an den Besitzer ihrer Mutter analog der für das Vieh geltenden Regelung. Sklaven waren mithin Menschen ohne soziale Persönlichkeit oder, mit einem Wort, sozial tote Menschen."

Auch bei den in diesem Buch geschilderten Fällen von „Sklaverei" in heutiger Zeit handelt es sich durchaus nicht um „exzeptionelle Grausamkeiten", sondern um Wirkungen eines Systems, das konsumorientiert und profitorientiert auch vor Menschen nicht haltmacht. Die hier beschriebenen Fälle von Menschenhandel sind auch deshalb in ihrer grossen Mehrzahl nie vor Gericht behandelt worden, weil sie letztlich völlig ins hochgelobte System der freien Marktwirtschaft passen.

Ein besonders augenfälliges Beispiel dafür liefert das Schicksal vieler Filipinas, die − einst willkommen im Wirtschaftswunderland Deutschland − sich jetzt in den Reihen derer wiederfinden, deren Weiblichkeit käuflich geworden ist.

Seit sechs Wochen ist Mona in West-Berlin. Die Fenster des hohen, engen Zimmers, das sie gemeinsam mit ihrer Schwester in einem dritten Hinterhof in Kreuzberg bewohnt, haben noch nie Tageslicht hereingelassen: Sie geben lediglich den Blick frei auf die zwei Meter gegenüberliegende Mauer. Mona ist Ende September nach Deutschland gekommen, inzwischen ist Anfang November, und es ist nass und kalt. Ihre Aufenthaltsgenehmigung wird genau zu Weihnachten ablaufen.

Monas Schwester ist Krankenschwester in einer Berliner Klinik und seit zehn Jahren in Deutschland. Sie kam mit einem Vertrag der „Deutschen Krankenhaus-Gesellschaft" und mit der ausdrücklichen Zustimmung und Unterstützung des Arbeitsamtes ihres Heimatlandes, der Philippinen, nach West-Berlin. Da bereits damals ein grosser Mangel an Pflegepersonal in deutschen Krankenhäusern herrschte, waren solche Verträge der Bundesregierung durchaus recht, das Verfahren indessen wurde nie legalisiert. Die Bundesregierung tolerierte während Jahren die Einreise vieler junger Filipinas, die übrigens in ihren Arbeitsverträgen bestätigen mussten, dass sie unverheiratet waren. Auch dieser Passus wurde nie beanstandet.

Bis zum sogenannten „Anwerbestop" im Jahr 1974 kamen so mehr als 9'000 unverheiratete junge Frauen aus den Philippinen in die Bundesrepublik. Viele von ihnen holten Familienangehörige nach, ohne dass dies mit Schwierigkeiten verbunden gewesen wäre. Seit 1974 ist auch dies fast unmöglich.

Mona ist dennoch gekommen. Sie hat ein Besuchervisum, wie es Touristen aus Ländern ohne Visumpflicht bei der Einreise bekommen, wenn sie Deutschland besuchen wollen. Zwischen der Bundesrepublik Deutschland und den Philippinen besteht kein Visumzwang. Mona gilt als Touristin und wird nicht registriert, weder in ihrem Heimatland noch im Gastland.

Seit Wochen versucht Monas Schwester, einen Ehemann für Mona zu finden, weil dies die einzige Möglichkeit ist, dass sie in Berlin bleiben kann. Seit Wochen schreibt sie Briefe an Heiratsvermittler und beantwortet private Annoncen, schickt Fotos durch Deutschland, preist ihre Schwester an. Und seit Wochen sitzt Mona in dem kleinen Zimmer des

Kreuzberger Hinterhauses und hofft.

Sie hat drei Kinder, ihr Mann hat sie verlassen: Er ging in die Stadt, weil er Arbeit suchte, und kam nie wieder. Die Kinder sind bei der Mutter, und es war die Mutter, die eines Tages sagte: „Warum gehst du nicht zu deiner Schwester nach Deutschland? Es wird sich etwas finden. Und du wirst schon von dort aus für uns sorgen, so wie deine Schwester auch."

Monas Geschichte ist kein Einzelfall, und obwohl sie noch nicht beendet ist, ahnt man, wie sie zu Ende gehen wird. Denn Mona hat nur zwei Alternativen, wenn sie wirklich ihre Mutter und die drei Kinder von Deutschland aus unterstützen will: Sie wird eine illegale Arbeit finden oder einen Deutschen heiraten müssen.

Es gibt keine Zahlen über Frauen aus den Philippinen, aus Thailand, aus der Dominikanischen Republik, aus Kenia, aus Ghana, die in der Bundesrepublik Deutschland oder in der Schweiz verheiratet sind. Es gibt natürlich auch keine Zahlen über diejenigen, die illegal in Europa leben.

Auch über die Zahl aller Frauen, die in der Bundesrepublik der Prostitution nachgehen, weiss niemand Genaues. Erstmalig im September 1984 hat ein offizieller Vertreter aus der Bundesrepublik vor der UNO überhaupt eine Zahl genannt: Die vorsichtige Schätzung beläuft sich auf „300'000 Prostituierte"; wieviele unter ihnen Ausländerinnen sind, und wieviele Ausländerinnen einen Deutschen geheiratet haben, ist nicht bekannt.

„Mindestens 4'000 Filipinas sind vermutlich zur Zeit illegal in der Bundesrepublik Deutschland", schätzt die Präsidentin der „Deutsch-Philippinischen Gesellschaft", Rita Weyand. Aber sie meint auch, dass es den Filipinas noch gut gehe — verglichen beispielsweise mit Frauen aus Thailand, die den Ruf zu haben scheinen, aus dem „grössten Bordell Asiens" zu stammen. Filipinas finden in der Schweiz oder in Deutschland eher einen Ehemann.

In seinem Empfehlungsschreiben begründet ein Heiratsvermittler, warum er sich auf Filipinas spezialisiert hat: „Gerade aus diesem Grund haben wir uns auf die Eheanbahnung mit Filipinas spezialisiert. Denn eine Filipina bringt aufgrund der Gesellschaftsstruktur, der sie entstammt, Voraussetzungen für eine dauerhafte Partnerschaft mit, die unter deutschen Mädchen nur in geringem Masse anzutreffen sind."

Der grösste Adressen-, Flugticket- und Ehevermittler für Filipinas, der Schweizer Simon Amstad („Amstad Travel Service"), verzichtet, wie manche seiner Kollegen in der Bundesrepublik Deutschland und in der Schweiz, ganz auf die Vermittlung von Frauen aus Thailand, „weil die meisten Mädchen von dort aus der Vergnügungsindustrie stammen". Und auf die Frage, warum westliche Männer bei Filipinas so beliebt seien, meint Amstad:

„Ein Grund liegt in der 'doppelten Moral', die in den meisten von Spaniern beeinflussten Gebieten vorherrscht: Der Mann darf alles — die Frau nichts. Die Frau hat bis zur Eheschliessung Jungfrau zu sein — der Mann dagegen soll so viele Eroberungen wie möglich machen."

Wolfram Dietz, Geschäftsführer des „Instituts Sabine GmbH — Deutsch-Philippinische Ehevermittlung", unterstützt dieses Argument:

„Hinsichtlich der strengen moralischen Grundsätze des Katholizismus auf den Philippinen geht jedes Mädchen unberührt in die Ehe. Ausnahmefälle, bisher nur ein einziger in unserem Angebot, werden uns von der jeweiligen Filipina freiwillig mitgeteilt ..."

Ganz offensichtlich können die Mädchenhändler Begriffe wie „doppelte Moral" auf den Philippinen und „Vermarktung" in der Schweiz und in der Bundesrepublik Deutschland durchaus miteinander vereinbaren. Frauen aus Drittweltländern (denn nur solche werden gehandelt) sind eine Ware und ein „Rohstoff" wie andere Rohstoffe auch: Selbst in der „Qualität" des Rohstoffes gibt es Unterschiede, je nachdem woher die Frauen kommen.

Hin und wieder treibt der Industriezweig „Frauenhandel" absurde Blüten, die sicher auch einiges über die geistige Haltung der Menschenhändler aussagen – wobei zu den Menschenhändlern sowohl die zu zählen sind, die Frauen anbieten, als auch die, die sie „mieten" oder „kaufen". So preist ein Ehevermittler beispielsweise die Frauen aus den Philippinen deshalb besonders an, weil dieses Land „in den letzten fünfzig Jahren von den Amerikanern sehr stark geprägt wurde", und unterstellt den Filipinas, dass sie den deutschen Mann für besonders attraktiv halten: „Das Wissen der Filipinas über unser Land hat zur Auswirkung gehabt, dass sich diese, dank des Eindrucks vom deutschen Mann, den sie für den besten Ehemann der Welt halten, nichts schöneres vorstellen können, als einem solchen eine liebevolle und treue Ehefrau sein zu dürfen."

Die Ausbeutung kultureller und traditioneller Andersartigkeiten zum Vorteil der westlichen Welt ist – neben der wirtschaftlichen Ausbeutung – ein wesentliches Erkennungsmerkmal des Tourismus in Südostasien, Mittel- und Südamerika, Afrika, der Karibik und selbst in einigen Mittelmeeranrainerstaaten. Und sie ist sorgfältig vorbereitet worden – von den Kolonialmächten und von der katholischen Kirche, wie selbst Heiratsvermittler in ihrer Naivität zugeben. Diese Länder und Völker wurden jahrhundertelang kolonisiert, also systematisch ihrer materiellen und ideellen Werte beraubt. Bis heute profitieren wir von ihrem natürlichen Reichtum, und manche schrecken nicht davor zurück, nun auch Frauen aus der Dritten Welt auf den „Märkten" der Industrieländer anzubieten.

Die Möglichkeit, sich Wirtschaftsflüchtlinge aus Entwicklungsländern ebenso verfügbar machen zu können wie Waren und Dienstleistungen, hat offenbar viele Männer in ihren tiefsten und dunkelsten Stellen berührt. „Ich kann mit ihr machen, was ich will"; „Sie gehorcht mir aufs Wort"; „Was auch immer mir in den Sinn kommt, kann ich verlangen" – die Originalzitate zeigen, wie sich die Pathologie dieser Männer bis zum „tödlichen Beischlaf", den man mit Geld erkauft, entwickeln kann. Dahinter steht eine krankhafte Selbstsucht und menschenverachtende Überheblichkeit, die mit der materiellen Verfügbarkeit der Entwicklungsländer Hand in Hand geht – bei der Vermittlung von Ehe- und Briefpartnern genau so wie beim Verkauf von Sexreisen in diese Länder und schliesslich bei der Prostitution, an der man sich gleichermassen moralisch entrüsten und billig aufgeilen kann.

Diese Haltung geht ebenso Hand in Hand mit einer Fremdenfeindlichkeit, die sich in der Schweiz zum Beispiel in der diskriminierenden Gesetzgebung für Ausländer, vor allem für „ausländische Gogo-Girls", widerspiegelt. Längst ist die Fremdenpolizei nicht mehr „Freund und Helfer der Fremden", sondern Unterdrückungs- und Angstinstrument gegen die abhängigen Fremden. Die Diskriminierung trifft darüberhinaus Frauen mehr als Männer. Und die neuen Richtlinien für Gogo-Girls haben sich zu einem Begleitinstrument der übrigen Massnahmen entwickelt, mit denen man sich vor der sogenannten „Überfremdung" schützt.

Als im September 1984 das Schweizerische Bundesgericht für rechtens erklärte, dass die Bewilligungspraxis für auslän-

dische Gogo-Girls restriktiv gehandhabt wird, galt weder
der Gleichheitsgrundsatz, wonach einheimische und ausländische Animierdamen denselben Vorschriften unterworfen
wären, noch der besondere Schutz für „abhängig Beschäftigte". Laut „Tages-Anzeiger" machte der Zürcher Regie-
rungsrat „geltend, die Entwicklung im Zürcher Unterhal-
tungsgewerbe führe zu einem stets steigenden Bedarf an ausländischen Tänzerinnen, was zur Überfremdung beitrage."
Ist nie jemand auf die Idee gekommen, für die „Diagnose"
eine „Krankengeschichte" zu fordern? Also nachzufragen,
warum eigentlich die Nachfrage steigt?
Auch in ihren Herkunftsländern müssen Frauen mit einer
Reihe von diskriminierenden Massnahmen rechnen, wenn
sie im Ausland arbeiten wollen. Einzelne südostasiatische
Staaten beispielsweise haben Vorschriften erlassen, die es
den Frauen erschweren sollen, das Land zu verlassen: Massnahmen, die mit dem Grundsatz der Gleichbehandlung kol-
lidieren und die Diskriminierung der Frau noch verstärken.
Der eigentliche Skandal aber ist die klammheimliche Komplizenschaft der Behörden hüben wie drüben mit den Männern, die das Geschäft mit den Frauen machen – seien sie
nun Händler oder Kunden.
Die Filipina, die sich in Stuttgart keiner anderen Verfehlung
schuldig gemacht hatte, als zu glauben, einer dieser Ehren-
männer unserer „reichen" Gesellschaft werde ihr einen Job
besorgen, und die deshalb über die drei Monate Aufenthalts-
erlaubnis hinaus in der Bundesrepublik Deutschland geblieben war, wurde innerhalb von wenigen Tagen ausgewiesen. Der Deutsche, der sie in der Stuttgarter Gesellschaft her-
umgezeigt und angeboten hatte, und der dies nicht allein in
diesem, sondern in mindestens vier weiteren Fällen getan
hat, blieb als Menschenhändler unbehelligt; die Haussu-

chung, bei der Beweise hätten sichergestellt werden können, fand erst vier Monate nach der Anzeige statt. Und der Mann, der die Filipina unter Vorspiegelung falscher Tatsachen wissentlich und „mit niederen Motiven", wie es so schön bei den Juristen heisst, nach Deutschland lockte, wurde bis heute nicht einmal vernommen.

Die Thailänderin, die in Zürichs Stadtviertel Aussersihl aufgegriffen wurde, und die unter Drogen stand und offensichtlich seelisch und körperlich krank war, wurde innerhalb von 48 Stunden „ausgeschafft". Ihr Zuhälter, der Vermieter ihres Massagesalons und der Eigentümer der Liegenschaft — alle der Polizei bekannt — sind weiterhin auf freiem Fuss. Eine Verhandlung fand nicht statt.

„Natürlich kann es sein", gibt der Mann von der Fremdenpolizei zu, „dass wir vom Gewerbe ausgenutzt werden, das heisst, dass die Arbeitgeber im Sexbusiness uns und unser Amt missbrauchen." Aber im gleichen Atemzug spricht er davon, dass die personelle Besetzung der Behörde es ja gar nicht erlaube, dass man solche „ausländischen Künstler" „eliminiert", dass man das Problem „in den Griff bekommen" müsse, und dass man endlich diese Sache „ausmerzen" müsse.

Die klammheimliche Komplizenschaft macht nicht halt vor sogenannten „höchsten Ebenen": Als die Fraktion der Grünen im Frühjahr 1984 eine Anfrage an die Bundesregierung in Bonn richtete und unter anderem zu wissen begehrte, ob „die Bundesregierung Anlass sieht, gegen Touristikunternehmen und Reiseveranstalter in der Bundesrepublik Deutschland vorzugehen, die eine mehr oder weniger offene Werbung für die südostasiatische Prostitution betreiben", hielt sich die Bundesregierung vornehm zurück: Zwar räumte der Bundesminister des Auswärtigen ein, dass „die

Möglichkeit besteht, gegen Reiseunternehmen im Inland, die eine 'Werbung für die südostasiatische Prostitution betreiben', Bussgeldverfahren durchzuführen", er unterliess allerdings nicht den Hinweis darauf, dass dies Sache der Länder sei und „deren jeweils durch Rechtsordnung bestimmten Verwaltungsbehörden".

Und damit kein Zweifel besteht, wie die Bundesregierung solche „Verstösse" einschätzt, heisst es im Schlussatz der Antwort des Aussenministers auf die Anfrage der Grünen: „Die Bundesregierung geht davon aus, dass die mit der Anwendung der angeführten Gesetze betrauten Stellen gegen etwaige Verstösse einschreitet. Soweit es allerdings um Fragen des guten Anstandes geht, wird sich mit gesetzlichen Mitteln wenig bewegen lassen."

Bei den in diesem Buch dargestellten Fällen scheint es sich demnach lediglich um „Verstösse gegen den guten Anstand" zu handeln, die kaum geahndet werden können. Denn die Bundesregierung zählt folgende Gesetze auf, die verletzt werden müssen, damit „sich etwas bewegt":

Da ist zunächst der Paragraph 181 des deutschen Strafgesetzbuches, der den Menschenhandel unter Strafe stellt — bis zu zehn Jahren Haft. Des Menschenhandels macht sich danach schuldig, wer „mit Gewalt, durch Drohung mit einem empfindlichen Übel oder durch List einen anderen dazu bringt, dass er der Prostitution nachgeht" oder einen anderen „anwirbt oder wider seinen Willen durch List, Drohung oder Gewalt entführt, um ihn unter Ausnutzung der Hilflosigkeit, die mit seinem Aufenthalt in einem fremden Land verbunden ist, zu sexuellen Handlungen zu bringen, die er an oder vor einem Dritten vornehmen oder von einem Dritten an sich vornehmen lassen soll".

Indessen klagen Staatsanwälte ebenso wie Rechtsanwälte

darüber, dass es so gut wie ausgeschlossen sei, Menschenhandel nachzuweisen: In aller Regel sind nämlich die Belastungszeugen von den Behörden (!) aus dem Gültigkeitsbereich der Rechtsprechung „verbracht" oder „ausgeschafft" worden. Ein Stuttgarter Staatsanwalt fragt mit Recht: „Wie sollen wir da den Vorwurf Menschenhandel aufrechterhalten, also nachweisen, wenn wir keine Belastungszeugen mehr haben?"

Ausserdem: Jener Paragraph 181 des deutschen Strafgesetzbuches stellt die Gewaltanwendung unter Strafe, mit der jemand einen anderen zur Prostitution zwingt. Ist es auch Gewalt, wenn Händler und Käufer, Zuhälter und Kunden die materielle Not der Entwicklungsländer und ihrer Menschen ausnutzen? Wer verfolgt die strukturelle Gewalt, die erst diese Form des Menschenhandels möglich macht? Ist die politische Ursache von der individuellen Wirkung zu trennen?

Ein weiteres Recht, dessen Verletzung geahndet werden könnte, ist, wie die Bundesregierung in ihrer Antwort auf die Kleine Anfrage der Grünen anführt, das Gewerberecht, nach dessen Paragraph 35 die Ausübung eines Gewerbes untersagt werden kann, „wenn Tatsachen vorliegen, welche die Unzuverlässigkeit des Gewerbetreibenden oder einer mit der Leitung des Gewerbebetriebs beauftragten Person in bezug auf dieses Gewerbe dartun, sofern die Untersagung zum Schutz der Allgemeinheit erforderlich ist".

Die meisten der Mädchenhändler jedoch, selbst wenn sie ganz offen für ihre Dienstleistungen werben, sind bei den Gewerbeämtern nicht gemeldet und schon deshalb dem unmittelbaren Zugriff entzogen — wenn auch nicht der Strafverfolgung. Ausserdem: Gilt als „unzuverlässig", wer mit Mädchen handelt? Oder muss man, um diesen Tatbestand zu erfüllen, erst die Barschaft oder den Pass der Mädchen veruntreut haben? Und kann man die Vermittlung von Frauen aus der Karibik, aus Südamerika, aus Afrika und Asien „zum Schutz der Allgemeinheit" verbieten lassen? Wohl kaum. Jedenfalls so lange nicht, als Mädchenhandel als Gewerbe zulässig ist – wie die (wenn auch seltenen) Anmeldungen von Heiratsvermittlern und Brieffreundschaftsstiftern bei Gewerbeämtern und Polizeibehörden zeigen.

Schliesslich weist die Bundesregierung darauf hin, dass die „vertragsähnlichen Vorschriften über die Eheanbahnung durch den Entwurf eines Gesetzes über Maklerverträge auf eine neue Grundlage gestellt werden" sollen. Was nichts anderes bedeutet als das verbrämte Geständnis, bisher gebe es halt keine Möglichkeit, den Mädchenhändlern in der Maske von „Eheanbahnern" überhaupt ans Fell zu gehen.

Grau ist die Theorie des Rechts, grauer noch erscheinen die Ausführungen der Bundesregierung, die jeden Hinweis darauf vermissen lassen, dass hier ein „Handlungsdefizit" vorliege – oder wie immer jene Euphemismen heissen, mit denen Unrecht hingenommen und Diskriminierung geduldet wird.

Der Entwurf einer Anfrage der „Sozialdemokratischen Partei Deutschlands" an die Bundesregierung klingt so hilflos wie verräterisch. Da heisst es beispielsweise als Frage fünf: „Sieht die Bundesregierung Möglichkeiten, die Zulassung von Eheanbahnungsinstituten, die sich auf Frauen aus der Dritten Welt spezialisiert haben und mit rassistischen und antiemanzipatorischen Anzeigen werben, zu verhindern?" Wie bitte? Verletzt nicht Rassismus – ob in Anzeigen oder sonstwie öffentlich zum Ausdruck gebracht – unser Grundgesetz? Sind nicht antiemanzipatorische Anzeigen längst verboten? Ist es beispielsweise nicht längst unzulässig, in

Stellenangeboten ausdrücklich nur weibliche oder nur männliche Bewerber zuzulassen? Was soll also die Frage danach, ob die Bundesregierung „Möglichkeiten" sehe?

Natürlich lässt sich einwenden, dass verschiedene Artikel des bundesdeutschen Grundgesetzes tatsächlich nur auf dem Papier stehen und auf ihre Verwirklichung warten. Der Gleichheitsgrundsatz gehört sicherlich dazu.

Aber es ist scheinheilig, nicht etwa die gewerbsmässige Vermittlung von Menschen anzuprangern, sondern nur ihre exotische Form: die Vermittlung von Frauen aus Übersee. Und weitaus scheinheiliger wäre es zu übersehen, dass „gewerbsmässige Vermittlung" etwas mit Gewerbe, mit Geschäft und Profit zu tun hat. Und dass solche Geschäfte eben nicht möglich wären, gäbe es da nicht ein Angebot und eine Nachfrage und eine gesellschaftliche Bedingung hier und eine gesellschaftliche Bedingung dort, die solche Geschäfte ermöglichen.

Was die Bundesregierung in Bonn mit „Fragen des Anstands" umschreibt und die Zürcher Regierung dazu gebracht hat, verbale Monstren wie „Normschamgefühl" und „ideelle Immissionen" in die Welt zu setzen, lässt sich auf eine simple Formel bringen: Die Grauzone ist gewollt.

Da wird halt in Kauf genommen, dass sich Betrüger und Menschenhändler frei auf dem Markt bewegen − schliesslich wird auch von den Betrogenen und Handelspartnern die Grauzone anerkannt. Dutzende von betrügerischen Manipulationen werden nicht zur Anzeige gebracht. Als Beispiel sei der Fall des Herrn Rosenholz zitiert, der von Günter Menger und seiner „Individual Marriage Travel Agency" (IMTA) die Vermittlung einer Braut aus Fernost erbat.

„Ich habe mir heute aus der Kartei bei IMTA folgende Damen ausgesucht", heisst es vorgedruckt im Vertrag. „Und

IMTA **Vermittlungsvertrag & Selbstauskunft**

Vollvermittlung mit Heiratsgarantie!

Ich schließe heute, zu den umseitigen Vermittlungs- und Reisebedingungen, die ich gelesen und auch verstanden habe und voll anerkenne, mit der Fa. IMTA-Günter Menger, einen Ehevermittlungs- und Reisevertrag nach den Richtlinien des Vermittlungsweges ...⚋... ab und beauftrage die Fa. IMTA hiermit gleichzeitig, alle damit verbundenen Vorbereitungen und Maßnahmen die einer baldigen Eheschließung dienen, einzuleiten.

Außerdem beauftrage ich die Firma IMTA, alle der Zusammenführung dienenden Reisevorbereitungen zu treffen. IMTA übernimmt auch die Wahl der Reiseroute und die Buchungen d·· Tickets. Sonderwünsche sind gegen Aufp⸱⸱⸱ möglich.

Der aus Sicherheitsgründen mitgebuchte Rückflugschein für die Partnerin ist Eigentum von IMTA und muß nach der Eheschließung an IMTA zurückgegeben werden.

Ich bestätige mit meiner Unterschrift die Ernsthaftigkeit meines Heiratswunsches gegenüber den von mir ausgesuchten Damen und betrachte eine schriftliche Zusage einer der von IMTA in meinem Namen angeschriebenen Damen als Verlöbnis!

Ich habe mir heute aus der Kartei bei IMTA folgende Damen ausgesucht und möchte mit einer dieser Damen die Ehe eingehen.

Die Aktennummern der Damen sind:
.... *siehe Option* ....

S e die als Nr. 1 gesetzte Dame absagen, so folgt die Nächste, bis eine Vermittlungszusage zustande gekommen ist. Vermittlungsland bzw. Erdteil: ... *ASIEN* ...

Vermittlungspreis: ... *7.000,–* ...

Anzahlung 25% DM: ... *2.000,–* ...

Ich vereinbare eine Pauschalsumme von

DM: ... *incl.* ... für alle Sonderausgaben und Nebenkosten.

Vor Übergabe der Flugscheine und Reiseunterlagen » Weg I « oder Übersendung der Tickets und Einreisepapiere an die Braut des Kunden » Weg II «, müssen 2/3 des Servicepreises bezahlt sein. Der Restbetrag kann in Monatsraten von DM 300.-- abgezahlt werden. Es werden als Zahlungsmittel und Sicherheit Euro-Schecks vor Übergabe der Flugscheine hinterlegt, von denen monatlich ein Scheck zum Einzug vorgelegt wird.

NAME: ....████████████....................

VORNAMEN: ...████...

ORT: *7120* .../ *Bietigheim – Bissingen*

STRASSE: ████████████

TEL.NR.: ████████████

VORH. WOHNRAUM: *32 k. B*

ALTER: *47* GEB AM: *25.5.34*

GRÖSSE: *1.72* GEWICHT: *70* REL.: *ev.*

FAMILIENSTAND: *geschieden Pc*

KINDER IM HAUSHALT: ....—..............

BERUF: *Angestellte (B. Ing)*

TÄTIGKEIT z.Z.: *Koordinator (Indust. –*

MTL. EINKOMMEN: *1.700,– netto*

SPRACHEN: *dt, etwas franz.*

KRANKHEITEN: ....—..............

BEHINDERUNGEN: ....—..............

HOBBIES: *Reisen, Musik, Literatur,*

Ich habe noch   Brüder und   Schwestern.

Ich lebe in Scheidung, meine Ehe wird voraussichtlich am ....geschieden.

Diese Selbstauskunft ist richtig. Von diesem Vertrag habe ich eine Ausfertigung erhalten. Ich habe den Vertrag gelesen und verstanden.

Kunde: ████████████

Münster, den: *25. 1982*

Anzahlung erhalten, DM: ....

IMTA
hat den Vertrag angenommen und beginnt sofort mit der Vermittlungsarbeit.

– Günter Menger ....

„Sie können sich unter mehr als 2'000 Damen Ihre Traumfrau bei uns selbst aussuchen!"

Den **1. Schritt** haben Sie ja bereits getan ...
... denn Sie haben auf eines meiner Inserate geantwortet und so den Grundstein für eine erfolgreiche Zusammenarbeit gelegt!
Der **2. Schritt** ist genau so einfach wie der erste!
Nachdem Sie nun meine Unterlagen bekommen haben, lesen Sie bitte alles in Ruhe durch und überdenken Sie die Tragweite Ihres Entschlusses!
Wenn Sie sich aber entschlossen haben über IMTA eine Lebenspartnerin zu finden, dann sollten Sie mich anrufen und einen Besuchstermin mit mir vereinbaren.
Wenn Ihnen eine der mit Originalbild vorgestellten Damen gefällt, so werde ich diese Dame bis zu Ihrem Besuch keinem anderen Herrn vorstellen!
Der **3. Schritt** ist der Wichtigste und selbstverständlich kostenlos und unverbindlich!
Ein Gespräch von Mann zu Mann ist noch immer die beste Methode über alles zu reden was Ihnen am Herzen liegt.
Sie brauchen sich auch nicht zu genieren oder gar zu schämen – die IMTA-Vermittlung ist der modernste Weg Ihre Wunsch-Partnerin zu finden.
Der **4. Schritt** ... viele Wege führen zum Ziel!
Welcher unserer Vermittlungswege gerade für Sie der geeignetste ist, hängt auch von Ihren Wünschen ab. IMTA bietet Ihnen viele Möglichkeiten! Ob Sie nun in Deutschland oder im Heimatland der Braut heiraten – oder gar auswandern wollen, Sie entscheiden selbst – alle Wege führen zum Ziel!
Der IMTA-Vermittlungsvertrag ist einfach und klar verständlich, ohne das „übliche Kleingedruckte" auf der Rückseite!
Der **5. Schritt** ... das liebe Geld!
Natürlich geht es auch bei uns nicht ohne Geld!
Wie teuer Ihre Vermittlung wird, hängt alleine davon ab, aus welchem Land Sie sich Ihre Braut aussuchen und ob Sie zur Heirat dort hinfliegen oder Ihre Braut zur Hochzeit nach Deutschland kommt. Für welchen Weg Sie sich auch entscheiden, Sie können sicher sein, dass wir auch für Sie einen Weg finden, der sie finanziell nicht überfordert! Schon ab DM 300.– monatlich gibt es bei uns einen Weg zum Erfolg!
Der **6. Schritt** ... gute Bilder – „guter Eindruck!"
Gute Bilder sind eine wichtige Voraussetzung für den ersten Kontakt. Je besser die Bilder, je schneller wird sich der Erfolg einstellen! Da der „erste Eindruck" bekanntlich immer der „beste Eindruck" ist, sollten Sie auf gute Fotos nicht verzichten! Notfalls steht Ihnen auch unser Studio zur Verfügung!
Der **7. Schritt** ... das Kennenlernen per Brief ist einfacher als Sie denken!
Auch hier nehmen wir Ihnen den grössten Teil der Arbeit ab. In welcher Sprache Ihre Braut auch schreibt, Sie bekommen eine Übersetzung! Die Beantwortung Ihrer Post ist ebenso einfach! Entweder Sie schreiben in deutsch zurück oder Sie benutzen unseren Telefon-Sonderanschluss und sprechen Ihre Antwort auf Band. In unserem eigenen Übersetzungsbüro sind ständig sieben Damen damit beschäftigt, die ein- und ausgehende Post täglich zu beantworten.
Modernste Büromaschinen und Computeranlagen haben IMTA zu einem der fortschrittlichsten Institute der Welt gemacht!
Der **8. Schritt** ... Papiere, Papiere, Papiere!
Nachdem wir nun brieflich alles zu Ihrer Zufriedenheit abgeklärt haben und Ihre Braut Ihnen und uns ihr Ja-Wort gegeben hat, beginnt der Papierkrieg mit den Behörden und Ämtern.
Aber keine Angst, wir nehmen Ihnen, wo weit es geht, alle Unannehmlichkeiten ab!
Der **9. Schritt** ... die Ankuft Ihrer Braut!
Banges Warten auf dem Flugplatz ... aber keine Angst, auch hier lassen wir Sie nicht alleine. Denken Sie daran, Ihre Braut ist genauso aufgeregt und voller Erwartung wie Sie. Nach dem ersten Lächeln kommt eine herzliche Umarmung, danach ist das Eis gebrochen und der erste Schritt in die gemeinsame Zukunft kann beginnen!
Der **10. Schritt** ... ist nur ein Schrittchen!
... nämlich vom Ausgang B 8, (hier kommen die meisten Damen an), bis in unser Büro in Münster. Bei einem zwanglosen Imbiss wird dann besprochen wie es weiter geht.
Denn die Ankunft Ihrer Braut auf Rhein/Main ist noch nicht der letzte Schritt!
Der **11. Schritt** ... muss auch getan werden!
Die Anmeldung Ihrer Braut ist die erste Pflicht, die Sie nun selbst übernehmen müssen!
Aber auch hier stehen wir Ihnen mit Rat und Tat zur Seite.
Der **12. und letzte Schritt** ... die standesamtliche Trauung!
Mit diesem Schritt ist unser Vertrag erfüllt!

Günter Mengers 12 Schritte zum Erfolg mit IMTA.

ich möchte mit einer dieser Damen die Ehe eingehen. Die Aktennummern der Damen sind ... Sollte die als Nummer 1 gesetzte Dame absagen, so folgt die Nächste, bis eine Vermittlungszusage zustandegekommen ist." Rosenholz unterschrieb den „Vermittlungsvertrag & Selbstauskunft", dessen rückseitige Vermittlungsbedingungen mit dem für Rosenholz beruhigenden Satz begannen: „Jeder Kunde hat Anspruch auf eine ausreichende Auswahl an heiratswilligen Damen." Ebenso beruhigend war für den Kunden, der auch heute noch der Meinung ist, dies sei ein durchaus ehrenwertes Geschäft gewesen, dass er den Vertrag kündigen könne. Dass IMTA in diesem Fall einen „Aufwendungsersatzanspruch" haben solle, leuchtete Rosenholz ein.

Rosenholz zahlte DM 2'000.− auf den vereinbarten Vermittlungspreis von DM 7'000.− an. Günter Menger antwortete zwei Tage später: „Wir bedanken uns herzlich für die so gut beginnende Zusammenarbeit und werden Ihnen sofort eine Nachricht übermitteln, wenn Post von Miss Batanga eingeht." Zwei Monate später war offenbar noch keine Post angekommen: „Wir denken, dass wir in den nächsten Tagen etwas hören werden und geben Ihnen dann sofort Bescheid."

Zu diesem Zeitpunkt hatte der entnervte Kunde, der mehrfach nachgefragt und immer wieder neue Damen versprochen bekommen hatte, seinen Vertrag gekündigt. Zwei Tage später kam Post von Günter Menger: „Heute haben wir einen Brief von Miss Burgos bekommen." Rosenholz atmete auf. Aber es war nichts: Miss Burgos hatte abgesagt.

Eine Woche später kam wieder Post von Menger: „Heute haben wir eine Zusage von Miss Grace bekommen. Sie entschuldigt sich, dass sie so spät antwortet und teilt uns mit, dass sie Sie sehr gern kennenlernen möchte. Bitte teilen Sie uns doch umgehend mit, ob Sie dabei bleiben, die Vermittlung abzubrechen oder ob Sie sich doch dafür entscheiden. Falls Sie mit Miss Grace in Korrespondenz treten möchten, bitten wir Sie, gleich einige nette Zeilen an sie zu richten."

Rosenholz mochte weder nette Zeilen an jemanden richten, noch war er bereit, weitere Angebote von Menger zu lesen. Er rief Menger an, lehnte weitere Bemühungen ab und bat um Erstattung der Vorauszahlung.

Trotzdem erhielt er am folgenden Tag erneut einen Brief von Menger: „Überdenken Sie doch am besten noch einmal Ihre Entscheidung. Miss Grace wartet wirklich schon sehr auf eine Antwort von Ihnen." Wieder zwei Tage später: „Heute haben wir auch einen Brief von Miss Burgos bekommen. Bitte teilen Sie uns doch mit, ob Sie nicht doch an einer Vermittlung interessiert sind, denn dann werden wir Ihnen die Übersetzung gern zusenden."

Bis heute hat Rosenholz weder einen Originalbrief noch eine Übersetzung eines Briefes in Händen gehabt. Denn das ist Mengers Trick: Ob es Miss Batanga, Miss Burgos, Miss Grace oder sonst irgendeine Kandidatin überhaupt gibt, weiss allein er.

Rosenholz hätte das wissen können. In Mengers Reklameheftchen „Schritt für Schritt kommt man sich näher ..." heisst es unter Punkt sieben:

„Das Kennenlernen per Brief ist einfacher als Sie denken! Denn wir nehmen Ihnen den Hauptteil der Korrespondenz ab. Und denken Sie daran: Vertrauen gegen Vertrauen. Alles was geschrieben wird, ist unser Geheimnis."

Menger bewahrte sein „Geheimnis" auch dann, als Rosenholz seinen Anwalt einschaltete und seine Vorauszahlung abzüglich der Aufwendungen, die Menger gehabt hatte, zurückforderte. Da sich das alles aber in der berühmten „Grauzone" abspielte, deren Bedingungen sowohl die Händler als auch die Käufer akzeptieren, legte Rosenholz die Angelegenheit schliesslich unter „Verlust" ab.

Das Umfeld des Mädchenhandels ist kriminell: Wo das einzige, noch dazu vom Gesetz geschützte Ziel die Vermarktung von Waren und Dienstleistungen und, als Höhepunkt der rücksichtslosen Ausbeutung, die Vermarktung von Menschen ist, kann kein Recht mehr sein.

Die „Elite" sei für das Funktionieren des Sexgewerbes verantwortlich, hat der Nationale Christenrat von Japan gesagt. Und zur Elite zählen vor allem Politiker und wirtschaftlich Mächtige. Die Politiker, so scheint es, greifen zwar hin und wieder publicitysüchtig das Thema auf, können dann aber auf Nachfrage nur selten handfeste Beweise vorlegen und fühlen sich bei der Frage nach konkreten Aktionen überfordert. Die wirtschaftlich Mächtigen, das sind in diesem Fall jene Männer, die sich auf die eine oder andere Weise am Geschäft mit diesen Frauen beteiligen: die Reiseveranstalter und Heiratsvermittler, die Ticketverkäufer und Prostituiertenhändler, die Zuhälter und Liegenschaftsverwalter, die Besitzer und Betreiber von Appartementhäusern, Bars und Clubs. Wenn sie geschickt sind, arbeiten sie „marktwirtschaftlich vernünftig", nämlich im Verbund.

Die bereits mehrfach beschworenen internationalen Händlerringe scheint es zwar in Europa so nicht zu geben; stattdessen aber bedient sich die Branche eingeführter, von multinationalen Konzernen längst erprobter, durchaus legaler Marktstrategien: Diversifizierung, Tochtergründungen, Ausnutzung von Handels- bzw. Ein- und Ausreisevorschriften. Dahinter steht die raubwirtschaftliche Generalformel: Westliche Märkte müssen expandieren, südliche Märkte müssen aufnahmefähig sein. Die Strategie ist ja legal, sie entspricht sogar weitgehend den entwicklungspolitischen Grundsätzen fast aller westlichen Regierungen. An erster Stelle stehe der Eigennutz, formulierte es wenig einfühlsam der Bundesminister für wirtschaftliche Zusammenarbeit der Bundesrepublik Deutschland – jener Republik, die weit davon entfernt ist, die in der UNO gemeinsam beschlossenen Forderungen nach einem „Ausgleich in Gerechtigkeit" mit den Ländern der sogenannten Dritten Welt zu erfüllen. „Auch die Entwicklungshilfe muss sich an die Gesetze des Marktes halten", sagte derselbe Minister, dessen Partei ein „C" im Namen führt für „Christlich". „Wir müssen konkurrenzfähig bleiben und wollen dies auch mit unserer Entwicklungshilfe fördern."

Und wenn also nun eine grosse Nachfrage nach Frauen besteht? Dann überlassen wir auch dies den Gesetzen des Marktes. Die Marktmacht der Industrieländer und die Ohnmacht der Länder der Dritten Welt reichen aus, damit wir auch in diesem Konkurrenzkampf auf der richtigen Seite stehen. Was verfügbar ist, kann auch vermarktet werden.

Siebzig Jahre nach der Ächtung der Prostitution und des Menschenhandels durch den Völkerbund und 36 Jahre nach der UNO-Konvention „zur Unterdrückung des Handels mit Personen und zur Verhinderung der Prostitution", beschliesst die „Internationale Föderation der Abolitionisten" (FAI), in der alle nichtstaatlichen Organisationen vertreten sind, die sich der Abschaffung der Prostitution und des Menschenhandels verschrieben haben, vor der UNO ein weiteres Mal, das „Verbringen von Frauen und Kindern zum Zwecke ihrer Ausbeutung in Pornographie und Prostitution als ein Verbrechen gegen die Menschlichkeit" zu erklären. „Die allgemeine Kommerzialisierung des Sex", so heisst es in der Begründung des Beschlusses durch die FAI, „hat gerade min-

derbemittelte Frauen und Kinder zu Konsumobjekten gemacht."
Eine radikale Lösung muss gefunden werden. Die endgülti-
ge Abschaffung der Sklaverei ist gefordert. Und gefordert ist
auch eine Absage an die Ideologie der Marktwirtschaft als
Instrument der Ausbeutung. Gerade die Sexindustrie aber
zeigt, wie weit wir von Lösungsansätzen noch entfernt sind.

Nachwort

Die Abschaffung des Frauenhandels ist möglich. Als vor über 150 Jahren die Sklaverei in den Vereinigten Staaten von Amerika abgeschafft wurde, meinte die Gesellschaft auch, dass sie auf ihre Sklaven nicht verzichten könne – sie lernte es.

Voraussetzung für die Abschaffung des Frauenhandels ist allerdings eine Gesellschaft, in der Männer und Frauen gleiche Rechte, gleiche Chancen und gleiche Löhne haben. Um dies durchsetzen zu können, braucht es Menschen, die die Welt, so wie sie ist, nicht mehr hinnehmen wollen. Die bereit sind, an eine neue Welt zu glauben. Es braucht Menschen, die zu ihrer eigenen Entfaltung nicht die Unterdrückung der anderen brauchen, sondern Anteil nehmen und miteinander handeln wollen. Wir müssen weiterkommen auf dem Weg zu einer Welt, in der Gerechtigkeit, Mitbestimmung, Fürsorge wohnen und ein Bewusstsein dafür wächst, wie kostbar die Beziehungen der Menschen untereinander sind.

Die „Erklärung von Bern" in der Schweiz und das „Zentrum für Entwicklungsbezogene Bildung" in der Bundesrepublik Deutschland, das vom Kirchlichen Entwicklungsdienst getragen wird, haben die Recherchen zu diesem Buch unterstützt, weil dies Teil ihrer politischen Arbeit ist. Ihr Ziel ist, in der Bevölkerung ein Bewusstsein dafür zu schaffen, wie ungerecht die Beziehungen sind zwischen uns und den Ländern, die wir „Dritte Welt" nennen. Dies wird durch den vorliegenden Tatsachenbericht über den Handel mit Frauen aus Asien, der Karibik und Afrika besonders deutlich.

Der Fallstudien sind nun genug. Dem individuell wie gesellschaftlich entwürdigenden Unternehmen des Frauenhandels muss Einhalt geboten werden. In diesem Buch werden Namen genannt und Bedingungen beschrieben, damit die Verantwortlichen handeln können.

Georg Friedrich Pfäfflin, „Zentrum für Entwicklungsbezogene Bildung" (ZEB)
Regula Renschler, „Erklärung von Bern" (EvB)